예배 사색

(주)죠이북스는 그리스도를 대신한 사신으로
문서를 통한 지상 명령 성취와 하나님 나라 확장을 위해 노력합니다

예배 사색
© 2022 노진준

예배
사색

하나님이 기뻐하시는 예배를 위한
40가지 묵상과 고백

노진준 지음

죠이북스

하나님을 영화롭게 하는
예배를 소망하며

신학교에 있을 때, 저는 구원의 궁극적인 목적은 하나님의 영광을 위한 것이라는 말을 수도 없이 들었습니다. 선교의 목적도, 전도의 목적도, 목회의 목적도 궁극적으로는 하나님에게 영광을 돌리기 위한 것이라는 말입니다. 하나님에게 영광을 돌리는 방법은 다양하겠지만 신학적으로든 실천적으로든 빼놓을 수 없는 것이 '예배'라고 저는 생각했습니다. 그래서 단기 선교를 나가는 분들을 훈련할 때도 종종 이렇게 말했습니다. "우리가 진정으로 원하는 것은 우리가 찾아갈 그곳에서 주님을 모르던 분들이 주님을 만나게 되고, 그래서 구원을 얻은 사람들이 그리스도의 주 되심을 인정하며 그분의 죽으심과 부활을 찬양하는 것입니다. 만일 그들이 주님을 인정하여 주님의 이름을 높이기 원함이 우리의 원함이라면 그 진실함은 우리의 예배를 통해 나타나야 합니다." 영혼 구원에 열심이면서, 선교에 헌신하면서 어떻게 예배에 소홀할 수 있을까요? 소명으로 목회를 하며 설교에 목숨을 걸었다고 하면서 어떻게 예배에 소홀할 수 있을까요?

그런데 이것은 제가 목회하는 동안 겪은 가장 큰 딜레마였습니다. 설교자가 진정한 예배자가 된다는 것은 엄청난 저항과 갈등을 요구하는 평생의 과제임을 뒤늦게 알았기 때문입니다. 예배를 하는 모든 사람이 그렇겠지만, 예배 가운데 있는 설교자는 치열한 자기와의 싸움의 현장에 서게 됩니다. 설교를 잘해야 한다는 마음이 클수록 그 싸움은 치열해집니다. 최선을 다하는 설교자가 직면하는 가장 근본적인 질문은 결국 "누구의 영광인가? 나의 영광인가, 아니면 하나님의 영광인가?"이기 때문입니다. 설교 자체가 구별된 하나님의 거룩한 일이라고 생각한다면 설교에 스며든 자기중심주의, 세속주의가 합리화되는 것은 그리 어려운 일이 아닙니다. 교인들은 끊임없이 설교자의 설교를 평가하려 하고, 그런 교인들에게 인정받으려는 소비자 만족으로서의 설교는 교인들에게 설교를 잘해야 한다는 간절함의 가면을 씁니다. 설교자로서 제 역할은 교인들로 하여금 하나님을 예배하도록 하는 것입니다. 그러나 저는 교인들이 설교를 잘 듣고 반응하게 하는 것은

예배
사색

하나님을 예배하도록 하기 위한 도구여야 함을 알면서도, 그들의 시선이 하나님을 향하게 하기보다는 설교자인 제 눈과 입을 바라보게 하는, 거절하기 힘든 달콤한 유혹이 있었음을 고백합니다.

보스턴 대학 종교학부 교수인 스티븐 프로테로(Stephen R. Prothero)는 「아메리칸 지저스」(*American Jesus*, 새물결플러스 역간)라는 그의 저서에서 미국에서 예수는 아이돌이라고 했습니다. 무슬림도, 불교인도, 무신론자도 예수를 좋아한다고 합니다. 마치 아이돌에게 열광하듯이 모든 사람의 친구가 되고, 상처를 싸매어 주며 원수도 품어 주는 예수에게 미국인들은 열광하며 찬양을 올린다고 합니다. 하지만 그들이 열광하며 찬양하는 것은 하나님의 아들이신 예수 그리스도와, 그분의 죽으심과 부활을 통한 구원이 아니라 그 이미지가 주는 위로와 평안입니다. 결국은 자기애이고 자기만족인 셈입니다. 그렇다면 뜨거운 찬양, 강력한 메시지도 수단에 지나지 않은 것인데, 그 자체를 궁극적인 것으로 만들어 자기만족을 합리화시킬 수 있습니다. 정말 중요한 것은 그것들을 통해 누구를 예배하는가입니다. 외형적 성공과 성장인가요? 자기 자신인가요? 아니면 예수 그리스도인가요?

저는 지금도 제 설교가 인정받던 때에 대한 향수가 있습니다. 제가 누릴 영광에 대한 욕망은 설교를 더 잘할 수 있었다는 아쉬움으로 표출되기도 합니다. 은퇴 후에는 설교를 하지 않고 예배에 참석하는 경우가 종종 있는데, 다른 설교자들의 설교를 평가

하고 있는 제 모습에서 예배는 결국 자기를 부인하는 매 순간의 싸움임을 절감합니다. 주어진 세상적 현실과 인간의 죄성을 생각할 때 제가 정의하는 참된 예배는 단순히 뜨겁고 감동적인 찬양과 훌륭하게 주해하여 전달된 설교가 아니라 "내가 아닙니다. 오직 그리스도이십니다"라는 고백을 진실하게 하는 것입니다. 목회를 하는 동안 저는 교인과 제가 예배 끝에 "은혜받았습니다. 찬양이 좋았습니다. 저를 위한 설교였습니다"라는 말보다(그런 말 자체를 사용하면 안 된다기보다는 어쩌면 그런 말들을 통해서라도) "내가 아닙니다, 그리스도이십니다"라는 진실한 고백을 할 수 있을 때만 참된 예배일 것이라 생각했습니다. 그리고 거의 매 주일 실패했습니다.

이 책은 제가 목회하는 동안 주일 예배를 시작하면서 교인들을 예배로 청할 때 전한 멘트와 예화를 모은 것입니다. 매 주일 예배를 인도하면서 저 자신에게 한 말이기도 합니다. 그리스도의 주 되심을 고백하는 공동체적 예배를 통해 하나님을 영화롭게 하는 사명을 교회가 잘 감당하면 좋겠다는 간절한 마음으로 이 이야기들을 공유하고 싶습니다. 코로나로 인해 많이 침체되고 힘든 시절에 참된 예배의 회복을 갈망하는 사람들에 대한 애정으로 기꺼이 이 책을 출판해 주신 죠이선교회 출판부에 깊은 감사의 마음을 전합니다.

예배
사색

하나님의 사랑,
예배해야 할 이유

고(故) 데스몬드 투투(Desmond Tutu)는 1984년에 노벨 평화상을 받은 남아공 최초의 흑인 감독으로, 열악하고 불의한 환경에서 참 많은 일을 했습니다. 그는 "남아공의 도덕적 양심"이라고 불릴 만큼 탁월한 사람입니다. <타임>(Time)지에서 그를 인터뷰하면서 가장 좋아하는 성경 구절이 무엇이냐고 물을 때, 그는 서슴없이 대답했습니다. "제가 가장 좋아하는 성경 구절은 로마서 5장 8절입니다. '우리가 아직 죄인 되었을 때에 그리스도께서 우리를 위하여 죽으심으로 하나님께서 우리에 대한 자기의 사랑을 확증하셨느니라.'" 저는 이 기사를 읽으면서 큰 감동을 받았습니다. 그에게 주어진 환경은 하나님의 사랑을 의심할 수밖에 없을 만큼 불의하고 부당했기 때문입니다. "하나님이 나를 사랑하시는데 어떻게 이런 일들이 일어날 수 있는가?" 하고 원망하며 하나님을 떠날 수도 있는 열악한 상황이었습니다. 하지만 아이러니컬하게도 불의와 부당함 가운데에서 그의 투쟁을 가능하게 만든 것은 하나님의 사랑에 대한 확신이었습니다.

세상은 참 거칠고 험합니다. 좀 더 정확히 말하자면 우리가 살고 있는 자연 환경이 거친 것이 아니라 부패한 인간의 마음에서 비롯되는 이기심이 거칩니다. 저 자신을 비롯해서 모든 사람은 이 세상에서 의식적이면서 동시에 무의식적으로, 피해자이면서 동시에 가해자로 세상을 험하고 거칠게 만들고 있습니다. 새로운 피조물이 되었다고 고백하며 이 세상을 살아가는 그리스도인들은 변화를 갈망합니다. 자신이 변하기를 원하고 세상이 변하기를 기도합니다. 그런데 정말 잘 변하지 않습니다. 덴마크 철학자인 쇠렌 키르케고르(Søren Kierkegaard)는 교인들을 집 거위에 비유하면서 이렇게 풍자적으로 비판한 적이 있습니다.

"거위들이 뒤뚱거리며 교회에 들어와 예배한다. 설교자는 비행(날아다님)의 경이로움에 관해 설교한다. '우리는 더 이상 뒤뚱거리며 걸어 다니지 않아도 됩니다. 이제 우리도 날 수 있습니다. 우리는 날아올라 더 먼 지역, 축복의 땅으로 갈 것입니다.' 설교를 들은 거위들은 꽥꽥거리며 '아멘'이라 화답하고는 다시 일렬로 뒤뚱거리며 집으로 간다. 여전히 걸어서 간다."

　단순히 위선이 아니라 무능함으로 인한 답답함을 토로한 것
이겠지요. 소망을 품고 자유함으로 인한 기쁨으로 의연한 자태를
유지하고 싶지만 우리의 실체는 '뒤뚱거림'입니다. 소유와 신분에
서 자유해서 남의 것을 욕심내거나 착취하지 않고, 설령 억울하
게 착취당해도 의연하고 싶은데, 약간의 손해에도 가슴이 두근거
리고 자존심이라도 상한 날은 잠을 이룰 수가 없습니다. '뒤뚱거
림'이 몹시도 싫지만 이 '뒤뚱거림'은 상처로 인한 일시적 상처가
아닌 선천적 장애라서 극복되지 않습니다. 그런 장애와 더불어
사는 데 익숙해짐이 위선 같지만 회의와 갈등은 서서히 체념으로
바뀌어 갑니다. 그나마 잊고 살아야 살 만하니까요.

　특히 부정과 불의가 난무한 곳에서 한 시대의 '양심'이라고 불
린다는 것이 어떤 것일까 싶고, 그런 사람은 어떤 사람일까 싶습
니다. 어떻게 유혹을 피하고, 어떻게 억울함을 참고, 어떻게 손해
에도 정의로운 편을 택하고, 어떻게 일상처럼 당연시되는 부도덕
함 가운데 도덕적 민감함을 유지할 수 있는지 그 노하우를 배우
고 싶기도 하고, 그런 사람은 태생부터 우리와는 다른 사람이겠다
싶기도 합니다. 그래서 변하지 않는 자신의 모습과 세상의 모습
(심지어 교회도 예외는 아닙니다)에 소명을 의심하기도 하고, 사랑을
의심하기도 하는 저에게 참으로 위로가 되는 말이 바로 데스몬드

투투 감독이 인용한 하나님의 말씀입니다. "우리가 아직 죄인 되었을 때에 그리스도께서 우리를 위하여 죽으셨습니다." 죄인을 위한 예수 그리스도의 죽음을 아는 것은 세상을 이길 능력이 되는 것이 아니라 세상을 살아갈 이유가 됩니다. 제가 죄인임에도 예수 그리스도께서 저를 위해 죽으셨다는 사실을 인정하는 데서 오는 감동은 뒤뚱거림을 의연하고 고고한 자태로 만들어 주는 능력이 아니라 뒤뚱거림 중에도 비상을 소망하는 이유가 됩니다.

70년이면 될 줄 알았던 포로 생활이 490년이 될 것이라는 주님이 계시르 임한 절망감은 살아야 할 이유를 앗아가고, 그 말을 들은 다니엘은 몹시 지쳐 끙끙 앓다 일어나야 했지만, 그런 다니엘에게 주신 마지막 말씀은 "너는 가서 마지막을 기다리라"(단 12:13)는 것이었습니다. 다니엘에게 주신 사명은 바벨론과 바사(페르시아)를 무너뜨려 공의와 사랑의 나라를 세우라는 것이 아니라 그날을 기다리라는 것이었습니다. 험난한 열국의 역사도 하나님의 주권적인 손에 있다는 계시가 세상을 바꾸라는 사명을 주는 것은 아니지만 그 험난한 중에도 하나님의 주권을 의지하며 세상을 살아 내야 할 이유가 되어야 한다는 말이겠지요. 하나님의 나라는 '그때에' 반드시 임할 것이기 때문입니다.

특히 온 세상 사람이 주목할 만한 변화를 이룬 투투 감독 같은 사람이 '예수 그리스도를 통한 하나님의 사랑'을 말해 줄 때는 무척 고맙고 힘이 됩니다. 그리스도의 죽으심은 단순히 다른 사람

예배
사색

을 사랑하는 본을 보여 주기 위한 것이 아니라 실제로 우리 죄를 용서하셔서 하나님의 자녀가 되게 하기 위한 것입니다. 그러므로 예수 그리스도께서 저를 위해 죽으셨다는 것이 제가 예배해야 할 이유가 됩니다. 예배를 통해 원하는 대로 변화되지 않아 답답하기도 하지만 그럼에도 예배를 포기할 수 없는 것은 예수 그리스도를 통한 그 은혜가 예배를 가능하게 하기 때문입니다. 예배를 마치고 돌아갈 때면 다음 주에 또다시 뒤뚱거리며 돌아올 것임을 어렵지 않게 예견할 수 있으면서도 "나는 날 것입니다"라고 외치며 예배당을 떠날 수 있음은 하나님이 저를 절대로 버리지 않으시리라는 확신을 예수 그리스도를 통해 주셨기 때문입니다.

모든 예배의 핵심은 "예수 그리스도의 십자가와 부활"입니다. 그것을 기억함은 단순히 은혜받은 자들의 마땅한 도리가 아니라 은혜받은 자들이 예배해야 할 이유입니다. 예수 그리스도는 모든 예배의 목적일 뿐만 아니라 모든 예배의 동기입니다. 그래서 모든 예배는 은혜받기 위한 의무나 수단이 아니라 은혜받은 자들의 반응입니다. 은혜는 능력을 부여하는 것이 아니라 새로운 신분을 부여합니다. 예수 그리스도는 우리를 슈퍼맨으로 만드는 것이 아니라 당신의 자녀로 만드십니다.

저 자신도 그랬고 교인들도 그랬지만, 예배드릴 때마다 느낀 답답함은 정성을 다해 예배하지 않는다는 사실로 인한 불편함이 아니라 그리스도를 바라보지 않고 있다는 사실로 인한 아쉬움이었습니다. "우리가 아직 죄인 되었을 때에 그리스도께서 우리를 위하여 죽으심으로"(롬 5:8)라는 말씀을 잠시만이라도 깊이 묵상하고 이 말씀에 대한 반응으로 예배를 인도하고 시작했더라면 좋았을 걸 하는 아쉬움이 여전합니다. 하나님이 우리를 부자로 만드시고 고난 끝에 형통을 가져다주실 것이라는 확신 때문이 아니라 예수 그리스도께서 우리를 위해 죽으셨다는 사실에 대한 확신 때문에 우리는 예배합니다. 바로 그것이 부당하고 불의한 세상을 살면서도 우리가 예배해야 할 이유입니다. 이것은 번번이 저의 죄성과 세상의 유혹에 져서 상하고 더러운 모습임에도 제가 예배 때마다 치유와 순결함을 다시 간절히 원할 수 있는 이유입니다.

우리가 죄인 되었을 때에 예수께서 우리를 위해 죽으셨습니다! 그런데 왜 여전히 뒤뚱거릴까요? 잘 모르겠습니다. 저도 날고 싶습니다. 그러나 그런 현실에서 우리가 힘을 얻는 것은 언젠가는 날게 될 것이라는 막연한 희망이 아니라 예수 그리스도께서 죽으시고 다시 사셨다는 사실입니다. 톰 라이트(Tom Wright)는 이 것을 "우리는 그저 죽어서 천국 간다는 막연한 소망으로 세상을 사는 것이 아니라 그리스도께서 우리를 위해 죽으심으로 승리를 이루셨다는 확신으로 하나님의 나라를 이루며 사는 것"이라고 표현했습니다. 그 둘이 달라야 하는 것은 아니지만, 분명한 것은 예수 그리스도의 죽으심과 부활이 바로 지금 우리가 살아야 할 이유라는 것입니다.

예배
사색

예배자들의
나르시시즘

15세기 유명한 설교자 중에 지롤라모 사보나롤라(Girolamo Savonarola)라는 사람이 있었습니다. 그가 한 번은 이탈리아 피렌체에 있는 한 교회에서 설교하게 되었습니다. 그 교회에는 매우 아름다워서 인상적인 마리아 동상이 있었습니다. 그곳에 며칠 머무는 동안 그는 연세가 지긋한 한 여인이 거의 매일 동상 앞에서 기도하는 모습을 보았습니다. 참 귀하다 싶어 그는 그 교회에서 오랫동안 섬긴 신부님에게 그 이야기를 꺼냈습니다. "참 경건하고 귀한 분을 만났습니다. 매일 마리아 동상 앞에 나와서 진실하게 기도하는 분이었습니다." 그러자 신부님이 말씀하셨습니다. "보이는 것에 속지 마세요. 아주 오래전에 한 조각가가 저 마리아 동상을 조각하는 데 모델이 필요했습니다. 아름다운 한 여인을 모델로 삼았지요. 저 할머니가 바로 그 모델입니다. 할머니는 옛날 자기 모습을 예배하고 있는 것입니다."

교회에서는 첫사랑에 관한 이야기를 많이 합니다. 첫사랑은 좋은 추억이 아니라 항상 유지해야 할 감정의 상태라고 생각하기 때문에 교인들은 대부분 첫사랑에 관한 이야기를 하면 웃음 짓기보다는 죄송함과 죄책감을 느낍니다. 첫사랑을 잃어버려서 첫사랑은 회복의 대상이라고 생각하기 때문입니다. 그런데 과연 첫사랑을 회복하는 것이 가능할까요? 가능하다면 어떤 의미에서 가능할까요?

사실 주님이 첫사랑을 회복하라고 에베소 교회에 하신 말씀은 교회의 교리적 순수함을 지키기 위해 순회 전도자들의 출입을 막고 나그네들을 대접하지 않은 것을 책망하시며 다시 사랑을 실천하라고 하신 의미입니다(계 2:1-7). 물론 언제나 열정적으로 주님을 섬기고 싶어 하는 마음은 소중한 것이지만 자칫 그런 감정적 그리움은 자기애에서 비롯된 것일 수 있습니다. 정말 원하는 것은 주님을 사랑하는 것이 아니라 밤새도록 기도할 때의 그 감동, 몇 시간씩 찬송을 불러도 피곤한 줄 모르던 그 열심, 말씀을 들을 때마다 울컥하던 그 뜨거움의 회복일 수도 있기 때문입니다.

저는 이른바 복음성가로 은혜를 받은 세대입니다. 당시에는 교회 예배에서 복음성가를 부르는 것이 파격이었지요. 그래서 저

예배
사색

는 현대적인 찬양보다는 옛날 복음성가와 찬송가가 좋습니다. 지금도 그때 그 찬양곡들을 부르면 마음이 울컥합니다. 하지만 청년 집회를 다니면서 청년들이 부르는 찬양곡들도 좋아합니다. 복음에 충실한 가사, 마음에 와닿는 멜로디, 함께 자유롭게 표현하며 열정으로 반응하는 분위기가 좋습니다. 비록 박자를 맞추기가 어려워서 따라 부르기는 힘들지만 청년들의 예배도 좋아합니다.

그런데 제가 사역하던 교회의 예배는 참 애매했습니다. 요즘의 좋은 찬양들을 계속 배우는 것도 아니고, 그렇다고 전통적인 찬양곡이나 찬송가를 부른 것도 아니었으니까요. 그래서 교인들은 전통식 예배와 현대식 예배를 따로 하기를 원하기도 했습니다. 저는 그렇게 따로 하는 것이 나쁘다고 생각하지는 않았지만 제 목회 철학에는 맞지 않는 것 같아서 주일에 예배를 몇 번 하든 같은 예배 방식을 고집했습니다. 그러다 보니 어르신들은 찬송가가 아닌 잘 모르는 어려운 찬양을 한다고 불만이었고, 젊은이들은 좀 더 열정적이고 현대적인 찬양을 하지 않는다고 불만이었습니다. 모두가 만족하지 않는 방식임에도 고집한 이유는, 우선 세대가 나뉘어 취향대로 자신을 만족시키는 것보다는 만족스럽지 않아도 서로를 존중해서 참아 주는 것이 공동체 예배에서는 더 중요하다고 생각했기 때문이었습니다. 또 다른 하나는 자칫 자신의 감정에 취하는 것이 가장 성공적인 예배인 양 오해하지 않기를 바라는 기대 때문이었습니다.

개인의 감정이 중요하기는 하지만 가장 중요한 것은 아닙니다. 여러분도 혹시 이런 말들을 들어 보셨나요? "아무리 찬양이 좋고 가사가 좋으면 뭐해요? 내 마음에 와닿아야지." "전에는 박수를 치면서 찬송을 부르면 정말 신났는데 요즘 교회에는 그런 열정이 없어서 찬송할 맛이 안 나요." "요즘 예배는 엄숙함이 없고 너무 가벼워서 내용이 없어요." "전에 다니던 교회가 찬송은 정말 열광적이었는데……. 이 교회는 다 좋은데 교인들이 찬양을 하면서 손도 들지 않고 일어나 춤을 추지도 않아서 꼭 죽은 예배 같아요." 예배의 성패를 가르는 것이 자신의 감정이 될 때에는(그 감정적 만족 자체가 문제될 것은 없지만) 그 예배 중에 하나님을 높이기 위해 자신의 감정을 절제하고, 감정적 욕구가 궁극적인 것이 될 수 없음을 인정하려는 노력이 필요합니다.

자기를 소중히 여기는 것은 필요하고 중요한 일입니다. 하지만 자신을 소중히 여겨서 건강한 자존감을 갖는 것과 나르시시즘은 다른 것입니다. 건강한 자존감은 때로 부족하고 만족스럽지 않아도 하나님의 주권적인 섭리를 인정하여 그 주권에 만족하게 하고 다른 사람의 유익을 위해 자신의 필요를 희생할 수 있게 만들지만, 나르시시즘은 자신을 최고로 여겨 자신의 원함에 궁극적인 가치를 두게 만듭니다. 다른 사람의 필요와 원함을 돌볼 마음의 여유가 없습니다. 그리스도인의 삶에서 가장 큰 유혹이 자아라면 예배에서도 개인의 좋았던 감정이 경계의 대상이 되어야 함

예배
사색

을 인정할 수 있어야 합니다.

설교에 인생을 걸고 살아가는 목사들은 나르시시즘에 빠지기 가장 쉬운 사람들입니다. 저도 자주 제 설교에 도취되어서 헤어 나지 못하기도 합니다. 자기 설교에 자기가 먼저 은혜를 받은 것 이라며 그것을 긍정적으로 보기도 합니다마는, 저는 제가 그런 기발한 관점을 발견했다는 것과, 그런 예화를 찾아낼 수 있다는 것에 흥분할 때가 더 많습니다. 목사가 먼저 은혜를 받아야 한다 는 말은 자칫 나르시시즘을 의미할 수 있습니다. 그 중심이 내 감 정, 내 지성, 내 실력에 있으니까요. 한 설교가 인정받으면 하나님 이 설교자로 부르신 소명을 확인하는 기회로 삼기보다는 내 탁월 함에 도취되기도 합니다. 누군가 설교의 이런 점이 좋았다고 말 하면 저는 집에 돌아와서 그 부분을 또 읽어 봅니다. 그러면서 제 가 은혜를(?) 받습니다. 제 설교에 대해서 인터넷에 좋은 댓글이 라도 달리면 그걸 몇 번씩 읽어 보면서 흐뭇해합니다. 이런 제 모 습이 자신을 모델 삼아 만든 마리아 동상을 흠모하듯이 바라보던 여인과 무엇이 다를까요?

저는 어쩔 수 없는 인간의 자기중심성을 부인하는 것도 아니 고, 좋아하는 것을 즐기지 말아야 한다는 금욕적인 경건을 옹호 하는 것도 아닙니다. 다만 누구나 가질 수 있는 나르시시즘 경향 때문에 그곳이 바로 치열한 영적 전쟁의 현장임을 잊지 말아야 한다는 말을 하고 싶은 것입니다. 인간이니까 어쩔 수 없다고 말하면서 즐길 것이 아닙니다. 내 마음에 들지 않는 찬송이어서 싫다고 쉽게 판단할 것이 아닙니다. 전에는 이래서 좋았다며 쉽게 비교해서 마음을 닫을 것이 아닙니다. 내 취향과 다른 찬송이라도, 나와 다른 관점에서 본문을 접근해도, 나와 다른 신학적 관점을 가지고 있어도 함께하기 위해 들어 보고, 이해하고, 동참하려는 의지적인 노력이 필요합니다. '나'는 하나님을 예배함에 최고의 우상이 될 수 있음을 인정한다면 말입니다. 이는 물론 잘못된 것들에 대한 모든 비판을 경계하는 것이 아닙니다. 그래서 저는 '영적 전쟁'이라는 말을 사용합니다.

"그 사람은 옛날 자기 모습을 예배하고 있는 것입니다!" 라는 한 신부님의 말처럼 예배 대상은 내 감정도, 내 경험도, 내 원함도 아닙니다. 첫사랑은 좋은 추억일 수 있지만 언제나 회복되고 유지되어야 할 감정의 상태가 아닙니다. 예배 대상은 오직 우리의 모든 것 되시는 주 예수 그리스도뿐입니다.

예배
사색

수직적 예배,
수평적 예배

　　　　　　　　　뉴욕 그레이스 교회(Grace Conservative Baptist Church) 담임 목사인 레슬리 플린(Leslie Flynn)이 자신의 책 「교회의 큰 싸움들」(*Great Church Fights*)에서 이런 이야기를 나눈 적이 있습니다. 한번은 뒷마당에서 아이들이 떠드는 소리가 들리더랍니다. 점점 소리가 커지더니 마치 싸우는 것 같았습니다. 아버지가 밖을 내다보니까 자기 딸이 몇몇 아이와 말다툼을 하고 있었습니다. 놀라서 밖으로 나가 무슨 일인가 물었습니다. 그러자 딸이 천연덕스럽게 웃으면서 말했습니다. "아빠, 우리는 지금 교회 놀이를 하는 거예요." 아이들의 눈에 비친 교회의 모습입니다. 교회 역사도 이를 보여 주지만, 십자가를 통한 화목을 말하는 교회에 분쟁과 다툼이 끊이지 않습니다.

저는 미국에서 이민 교회만 경험해서 다른 곳을 잘 모르지만, 미국에 있는 이민 교회에는 분쟁이 많았습니다. 제가 학생 때 다니던 교회도 분쟁이 참 많았습니다. 지금도 그렇지만 그 당시에도 이해되지 않던 것 중 하나는 분쟁과 예배는 서로 상관없는 별개의 것으로 여겨졌다는 것입니다. 예배 후에 있을 교인 총회 때 한바탕 소동을 일으키겠다고 칼을 갈고 있으면서도 예배에는 거룩한 마음으로 임했고, 다툼을 예상하는 회의를 하기 전에도 예배를 먼저 했습니다. 초대 교회도 그랬나 봅니다. 야고보도 한 입에서 찬송과 저주가 나온다고 책망한 적이 있습니다(약 3:10 참조). 학생 때에는 원수 된 사람들이 함께 앉아서 예배를 한다거나, 고함을 지르고 싸우기 전에도 예배를 하는 모습이 마땅하다고 생각했습니다. 예배는 사람을 의식하지 않고 하나님에게 드리는 것이라고 배웠으니까요. 싸우더라도 예배의 의무는 다해야 한다고 배웠으니까요.

존 프레임(John Frame)은 「신령과 진정으로 드리는 예배」(Worship in Spirit and Truth)에서 예배의 수직적인 면과 수평적인 면을 이야기합니다. 공예배란 단순히 하나님만 의식하여 하나님에게 행하는 경건 행위가 아니라는 것입니다. 공예배는 회중이 함께 하나님에게 행하는 경건 행위입니다. 예배에는 하나님을 의식해야 하는 수직적인 면만 있는 것이 아니라, 사람을 의식해야 하는 수평

예배
사색

적인 면도 있다는 말입니다. 하나님이 기뻐하시는 예배는 옆에 있는 사람이 성경을 찾지 못해 헤매고 불편함을 호소해도 그에 상관하지 않고 오직 하나님에게만 집중하는 것이 아니라고 저는 확신합니다. 우리의 아버지 하나님이 기뻐하시는 예배는 그의 자녀들이 화목하여 함께 하나님을 높이는 것입니다.

저희는 사형제인데 다들 바빠서 잘 모이지 못하다가 아버님 생신이면 같이 모이던 때가 있었습니다. 저희 형제들이 유별난 것은 1년 동안 거의 서로 연락도 하지 않고 지내다가도 한 번 모이면 밤늦은 시간까지 웃고 떠든다는 것입니다. 오랜만에 형제들이 모여서 수다를 떨면 아버님은 슬그머니 방으로 들어가십니다. 저희 대화가 재미없어서일 수도 있고 자리를 비켜 줘야겠다고 생각하셔서일 수도 있습니다. 하지만 제가 믿는 한 가지 사실은 유쾌하게 웃고 떠드는 형제들의 모습을 보면서 아버님이 소외감을 느끼신 것은 아니라는 것입니다. '내 생일이니까 너희끼리는 말하지 말고 한 명씩 한 명씩 나하고만 이야기하다 가야 한다'고 생각하시지는 않았을 거라는 말입니다. 부모에게 형제의 화목보다 기쁜 일은 없으니까요.

저는 예배를 인도하면서 예배 시간에 교인들에게 형식적이고 상투적이지 않게(사회자가 시키는 인사말만 옆 사람에게 하지 말고) 진심을 다해 인사하라고 부탁합니다. 동부에서 사역할 때에는 예배 중에 3-5분 정도 교인들이 서로 인사하는 시간을 가지기도 했습니다(서부에서도 시도하기는 했지만 잘 되지 않았습니다). 그렇게 한 이유는 교인들이 즐겁게 인사하는 모습이 하나님을 예배하는 행위라고 생각했기 때문입니다. "사랑하는 주님 앞에 형제자매 한자리에"라고 찬송을 부르는 것만이 예배 행위가 아니고, "주님, 제가 주님의 사랑을 본받게 하소서"라고 기도하는 것만이 예배 행위가 아닙니다. 예배로 모인 자리에서 주님의 이름으로 찾아가 용서를 구하고 주님의 이름으로 서로의 평안을 구하는 것도 예배 행위입니다.

미워하는 사람이 있으면 예배에 참석하는 것이 불편해져야 합니다. 미워하는 사람이 있으면 예배에 참석하는 것이 불편할 만큼 예배가 소중해야 합니다. 별로 마음에 들지 않는 사람 옆에 앉게 되었다고 투덜거리면서도 사람을 보러 온 것은 아니니까 예배는 할 수 있다고 생각하는 것이나, 미워하는 사람 때문에 교회에 나가기 싫다고 예배에 참석하지 않는 것은 둘 다 예배를 소중히 여기지 않는 모습입니다. 예배는 마음에 들지 않는 사람이 있으면 그냥 혼자 집에서 해도 되는 것이 아닙니다. 그것은 신앙을 사유화시킨 현대 교회의 치명적인 과오입니다. 혼자 예배를 하는 것이 교인들에게 주어진 정당한 선택이었다면 초대 교회 교인들이 그런 핍박과 순교를 당하지 않아도 되었을 것입니다. 또한 그렇다고 사람이 싫어서 아는 사람이 아무도 없고 출입을 상관하지 않는 큰 교회에 가서 혼자 예배를 하는 것도 사유화된 신앙의 형

예배
사색

태라는 점에서는 크게 다르지 않습니다.

저는 분쟁 중에 예배가 가능할까를 심각하게 고민할 만큼 예배를 소중하게 여길 수 있어야 한다고 생각합니다. 아니, 예배 때마다 그 거룩한 부담이 용서하지 않을 수 없게 만들고, 용서를 구하지 않을 수 없게 만들 때, 그 예배가 신령과 진정으로 드리는 예배가 된다고 생각합니다. 용서해야 예배가 가능하다는 말이 아니라(용서되지 않아서 힘들거나, 상대방이 용서해 주지 않아서 괴로운 경우도 있을 테니까요) 분쟁과 다툼이 있을 때는 진실한 불편함이 있어야 예배가 가능하다는 말입니다. 형제는 밉더라도 예배는 반드시 해야 하는 별개의 것이라고 생각하거나, 형제가 미워서 예배를 할 수 없다는 생각은 둘 다 마땅치 않습니다.

주님의 말씀입니다.

> 예물을 제단에 드리려다가 거기서 네 형제에게 원망 들을 만한 일이 있는 것이 생각나거든 예물을 제단 앞에 두고 먼저 가서 형제와 화목하고 그 후에 와서 예물을 드리라(마 5:23, 24).

화목하기 전까지는 예물을 드리지 말라는 의미는 예배의 선행 조건을 말씀하신 것도 아니고 화목하지 않을 때는 예배를 하지 않는 것이 낫다는 제안도 아닙니다. 예배하는 제자의 삶의 본질을 말씀하신 것입니다. 은혜로 살아가는 제자는 다툼과 분쟁의 상황에서 언제나 용서의 부담이 있어야 합니다. 예배의 수평적인 면을 절대로 소홀히 여겨서는 안 됩니다. 물론 현대 교회는 하나님을 예배하기 위해 모였지만 하나님을 경외하기보다는 청중을 즐겁게 하려는 경향이 있어서 예배의 수직적인 면을 소홀히 여기고 있음도 인정합니다. 하나님에게 집중하라는 충고는 이 시대에 적절한 충고입니다. 하지만 그 모습은 동시에 수평적으로도 소홀한 모습임을 인정해야 할 것입니다.

마치 서로 전혀 모르는 사람들이 입장료를 내고 들어와서 옆에 앉아 있는 사람에게 눈길도 주지 않고 연극 무대에서 행하는 연기와 퍼포먼스를 즐기는 모습이나, 청중의 동참을 유도하는 콘서트에 와서 분위기에 젖어 기분을 풀고 가는 모습은 예배의 수직적인 면도 없고, 수평적인 면도 없어서 '무엇이 예배일까?'라는 고민만 깊어지게 합니다. 이런 예배에서는 용서와 화해를 기대하기 어려울 것입니다. 아니, 그래도 그것을 예배라고 부를 수 있을까요?

불신자에게
편안한 예배

요즘은 "하나님은 믿지만 교회는 다니지 않습니다"라고 말하거나 "나는 영적이지만 종교적이지 않습니다"라고 말해서 교회와 신앙을 구분하거나, 영적인 것과 종교적인 것을 구분하는 (하나님을 믿지만 교회는 다니지 않는) 가나안 교인이 많습니다. 하지만 한편으로는 하나님을 믿지 않으면서 교회는 좋아하는 사람도 있습니다.

워싱턴에 있는 한 성공회 교회의 교인인 제임스 켈리(James Kelly)는 교회의 한 소그룹 때문에 그 교회에 출석했습니다. 그 소그룹의 이름은 "열심 있고 헌신적인 성공회 교인이지만 하나님은 믿지 않는 사람들의 모임"이었습니다. 제임스 켈리는 그 모임에 관해 이렇게 말합니다. "우리는 교회 예배 때 피우는 향냄새, 향수를 불러일으키는 스테인드글라스 창, 오르간 음악, 목사들의 가운, 고풍스러운 예배당 구조, 그리고 예배 예식 모두를 사랑합니다. 단지 하나님을 믿지 않는다는 이유로 이 모든 좋은 것을 포기하기는 매우 아쉽습니다."

저는 목회하는 동안 노골적으로 하나님을 믿지 않는다고 말하면서 교회에 다니는 사람은 거의 만나지 못했지만, 하나님에 대해 아무런 관심도 없이 교회에 다니는 사람은 많이 만났습니다. 이민 교회 초기에는 목사가 하는 중요한 일 가운데 하나가 이민자들이 잘 정착할 수 있도록 도와주는 것이었습니다. 아이들을 학교에 등록해 주고, 운전 면허증을 받을 수 있도록 도와주고, 아파트를 얻거나 차를 사는 데 보증을 서 주기도 합니다. 그러면 고맙다고 교회에 나오기 시작합니다. 하나님에 대해서는 아무런 관심도 없이 목사에게 진 신세를 갚는 심정으로 교회에 나옵니다. 그렇게 몇 달 정도 나오다가 교회에 나오지 않습니다. 어느 목사가 심방을 가서 왜 교회에 나오지 않느냐고 했더니 아주 정색하면서 말하더랍니다. "몇 달 나가 주었으면 되었지 도대체 얼마나 더 나가야 신세를 다 갚는 겁니까?"

이런 분은 그리 많지 않고 대체로는 그렇게 다니다가 교인이 되고 직분자가 되기도 합니다. 이민 초기에는 믿음을 가지는 것에 관심이 있어서가 아니라 이민 생활의 외로움을 달래거나 사람을 만나기 위해서 교회에 나오는 경우가 많습니다. 그렇게 교회에 다니기 시작한 분들 가운데 조금 열심을 보이면 직분을 맡기기도 합니다.

저는 개인적으로 그 이후 이민 교회가 많은 분쟁과 아픔을 겪은 이유 중 하나가 교회의 생존과 성장을 위해 신앙적이지 않은 것들을 합리화시킨 후유증이라고 생각합니다. 교회에 대한 애정이 언제나 예수를 향한 신앙에서 비롯되지는 않습니다. 사람들의 모임이나 건물을 교회라고 가르쳤기 때문입니다. 그러니까 예수에 대한 믿음이나 지식은 교인이 되는 절대적 필요조건이 아니라 교회 생활을 잘하기 위한 필요조건 중 하나일 뿐이었습니다.

교회에 처음 나온 분들에게 "교회에 열심히 다니다 보면 믿음을 가지게 된다"고 말하는 것이 저는 조금 조심스럽습니다. 그 믿음이 단순히 교회 생활에 익숙해짐을 의미하는 경우를 많이 보았기 때문입니다. 오히려 저는 교회에 처음 다니는 분들에게 교회에 익숙해지기 전에 주님을 만나야 한다고 권합니다. 교회 생활이 곧 신앙생활은 아니기에(물론 이 둘이 이렇게 구분되어야 하는 현실이 매우 안타깝습니다만) 교회에 나오지 않으면 불편할 만큼 교회 생활에 익숙해지기 전에 먼저 주님에게 관심을 가지고 주님을 배우고 경험하려고 해야 한다고 경고합니다.

새 가족 멤버십 과정을 인도하면서 저는 새로운 분들에게 "교회를 결정할 때 가장 중요하게 본 것이 무엇입니까?" 하고 묻습니다. 어떤 분들은 목사의 설교였다고 하고, 어떤 분들은 자녀의 교육이었다고 하고, 또 어떤 분들은 예배의 전반적인 분위기였다고 말합니다. 예배당이 옛날 어릴 적에 다니던 교회와 비슷하게 생겨서라고 대답한 분도 있었습니다. 비슷한 설문에 어떤 미국 사람은 빨간 벽돌 건물을 가장 선호한다고 대답했다고 합니다. 저는 이런 것이 문제되지는 않는다고 생각합니다. 나름의 선호도는 존중되어야 한다고 생각하니까요. 이처럼 비본질이 잘못되거나 불필요한 것은 아니지만, 비본질이 본질을 대신하거나 가릴 때는 위험합니다.

교인들에게 소속감을 느끼게 하고 세련된 예배 분위기에서 만족감을 누리게 하는 것을 잘못되었다 말할 것은 아니지만, 목회자는 그러한 것들의 위험을 인식하고 있어야 합니다. 자칫하면 그것들이 교회에 다니고 예배에 참석하는 이유가 될 수 있기 때문입니다. 무신론자도 교회는 좋아할 수 있고, 불가지론자도 교회 봉사는 열심히 할 수 있다는 것이 섬뜩하지 않습니까? 그러다가 믿게 되는 경우가 있다고 하더라도 쉽게 묵과될 일은 아닙니다.

예배를 인도하는 저에게 이런 현실은 쉽지 않습니다. 예배는 오직 신자들만 드릴 수 있다는 저의 목회적 견해(물론 불신자들도 예배에 참석할 수는 있지만) 때문에 청중이 그리스도인이라는 전제로 예배를 인도하지만 아직도 예수를 '주'라고 진심으로 고백하지 않은 채 예배가 좋아서 참석한 사람들이 제법 될 것이라고 생

예배
사색

각하면 답답함이 느껴집니다. 그런데 돌아보면 그런 답답함의 원인은 비록 명목상 무신론자(theoretical atheist)는 아니더라도 실제적인 무신론자(practical atheist)처럼 살면서 예배에 참석한 신자들과 저에게도 있습니다. 그래서 저는 예배를 인도하면서 "지금 이 예배 자리에 무신론자가 앉아 있다면 우리가 예배하는 모습을 보며 소속감을 느끼고 편안해할까요, 아니면 괴리감을 느껴 불편해할까요?"라는 질문으로 교인들을 도전한 적이 몇 번 있습니다. 불신자들이 불편해할 수 있다고 여겨서 예배 중에 '예수 그리스도'라는 말보다 그냥 '하나님'이라는 말을 선호하고, "오직 그리스도를 믿음으로만 구원에 이른다"고 하면 불신자들이 마음을 닫을까 봐 '오직 예수'라 말하기를 망설인다면 어떨까요?

저는 무신론자가 불편함을 느끼는 예배를 하고 싶었습니다. 그 불편함이 마음을 격동해서 그들이 본질적인 것에 관심을 가졌으면 하는 간절한 마음이 있었으니까요. 한때는 미국에서도 (전도 목적으로) 불신자가 불편함을 느끼지 않는 예배를 강조했지만, 불신자가 편안함을 느꼈다면 그 편안함은 복음이 주는 자유가 아니라 자유로운 분위기에서 나온 것이었을 뿐입니다. 예수 그리스도를 주라 믿는 사람들이 열정적으로 예배하는 모습, 경건하고 진실하게 예배하는 모습, 말씀과 기도에 반응하고 찬양에 동참하는 모습이 예배의 전반적인 분위기가 될 때, 하나님에게는 영광이 되고 믿는 자들에게는 은혜가 되며 믿지 않는 자들에게는 도전이 될 수 있습니다.

물론 불신자들에게 무례해서는 안 됩니다. 그리스도에 관한 이야기를 한 번도 듣지 못한 채 예배에 참석한 사람을 안다면 그를 염두에 두고 배려해야 할 것입니다. 하지만 그렇다고 해서 예배의 본질을 흐리게 만들 수는 없습니다. 불신자도 전혀 불편하지 않은 예배 분위기라면(가령 예배 순서나 설교 내용을 결정하는 기준이 불신자들이 불편함을 느끼지 않도록 하는 것이 된다면) 그것이 과연 예배일까 하는 고민은 아직도 진행 중입니다. 불신자의 마음을 불편하게 할 만큼 교인들이 믿고 고백하는 바에 확고하고 분명하면서도 그들을 향한 친절과 배려에 소홀하지 않은 모습이 가능하지 않을까 싶기 때문입니다.

저는 교회 예배에 불신자가 많이 오면 좋겠습니다. 하지만 그들은 예배와 설교의 선호도를 요구할 수 있는 위치에 있지 않음을 교인들이 알면 좋겠습니다.

예배
사색

환경을
넘어

　　　　월드비전 총재였던 리처드 스턴즈 (Richard Sterns)가 2010년 아이티(Haiti)에 지진이 일어나고 1년 후, 그곳을 방문했습니다. 교회 건물들이 무너져 교인들은 텐트에서 예배를 드리고 있었습니다. 한 예배 처소에서 스턴즈는 두 아이의 엄마로 32살 된 데모시 루파인(Demosi Louphine)이라는 여인을 만났습니다. 그 여인은 지진으로 무너져 내리는 빌딩에 깔려 오른손과 왼쪽 다리를 절단해야 했습니다. 찬양할 때는 남은 한 손을 들고 찬양했습니다. 스턴즈는 충격을 받았습니다. 두 아이의 엄마로 한쪽 팔과 다리를 잃어버리고 직장을 잃었는데도 여전히 예배할 마음이 있다는 것이 의아했기 때문입니다.

루파인의 예배하는 모습에 감동받은 스턴즈는 예배 후에 그 여인을 찾아가 어떻게 그럴 수 있는지 물었습니다. 그러자 루파인이 대답했습니다. "저는 작년 1월 12일에 주님을 영접했습니다. 오늘 제가 진심으로 기쁘고 감사한 것은 주님이 저를 구원하셔서 영생을 주신 것 때문입니다. 당장 천국에 가도 되었을 나로 하여금 이렇게 더 살게 하신 것은 두 딸을 키우라는 사명과 몇 년 더 이 땅에서 주를 섬기라는 하나님의 뜻으로 압니다. 사는 게 힘들기는 하지만 저는 제가 받은 구원이 진심으로 감사합니다."

독일 신학자 위르겐 몰트만(Jürgen Moltmann)은 "그리스도의 부활은 세상과 역사 안에서의 가능성을 의미하는 것이 아니라 세상을 위한, 존재와 역사를 위한 새로운 가능성을 의미한다"(Geiko Müller-Fahrenholz, *The Kingdom and the Power*, 51쪽)고 했습니다. 하나님의 약속은 단순히 이 땅에서의 탈출이 아니라 이 땅에서의 사명을 의미한다는 말로 이해할 수 있을 것입니다. 천국에 대한 소망을 말하면서도 그 하나님의 약속이 이 땅에서의 평안과 형통을 보장한다고 생각하거나, 아니면 그 하나님의 약속 때문에 세상에서의 삶에는 아무런 관심도 없이 장차 임할 천국만 바라보아야 한다고 생각하기 쉬운데, "약속은 이 땅에서의 사명을 의미한다"는 그의 말은 깊이 생각해 봐야 할 것입니다. 그 말이 어떤 의미인지는 어쩌면 데모시 루파인의 삶의 모습을 보면 알 수 있을 것 같습니다.

예배
사색

제가 예배를 마치면서 혹은 설교를 마치면서 자주 하는 말 중 하나가 "살아 냅시다"라는 말입니다. 하지만 이 말도 어떻게 받아들이느냐에 따라 그 의미가 달라집니다. '살아 내자'는 말은 '지겹고 힘든 세상이지만 영원한 천국이 있으니 천국을 바라보면서 꾹 참고 한 주간 억지로라도 살아 내자'는 의미일 수도 있고, '어렵고 힘들지만 하나님이 아직도 이 땅에서 우리를 통해 하시는 일이 있으니 하나님 나라를 이루는 사명으로 살자'는 의미일 수도 있습니다. 이 두 말의 차이가 보이십니까?

제가 섬기던 교회에서 정말 힘들게 두 자매를 키우던 한 여성이 이 '살아 내자'는 말을 전자의 의미로 이해하고는 그렇게 억지로 사는 게 무슨 의미가 있는지 모르겠다고 나누셨습니다. 고난에도 의미를 부여하고, 고난 때문에 감사하고, 고난 중에도 기쁨으로 예배할 수 있게 만드는 것은 단순히 우리가 죽으면 갈 천국이 있다는 확신 때문만이 아니라 그 천국을 약속하신 하나님이 지금 여기서도 우리와 함께하시며 당신의 일을 이루고 계시다는 확신, 그 하나님의 일을 위한 사명에 대한 확신 때문이기도 합니다. 그러니까 구원은 단순히 죽어서 천국에 갈 수 있는 입장권을 소유하도록 하는 사건이 아니라 이 땅에서의 삶에 새로운 의미를 부여한 사건이기도 합니다.

문제는 이 구원이 단순히 사후 사건으로만 규정되면 그리스도인들이 세상을 살아가는 데 그리 큰 동력이 되지 못한다는 것이고, 반대로 이 땅을 하나님 나라로 만들어야 한다는 사명으로만 구원을 규정하면 그리스도인의 삶에서 하나님의 약속이 큰 동력이 되지 못한다는 것입니다. 그리스도인들은 영원한 하나님 나라에 들어갈 것이라는 약속 때문에 살아 있는 동안 사명으로 살아내는 사람들이고, 예배는 이 구원을 드러내는 고백의 행위입니다. 그래서 예배를 마치고 세상으로 나가는 성도는 천국의 소망 때문에 사는 게 부질없다는 마음으로 예배당을 나서기보다는 한 주간도 열심히 믿음으로 살아야겠다는 다짐으로 예배당을 나섭니다.

선교사이자 침례교 목사였던 잭 힌턴(Jack Hinton)이 단기 선교팀을 이끌고 토바고(Tobago) 섬의 나환자 마을에 갔습니다. 그곳에는 고개를 들지 못해 항상 힌턴 목사 반대 방향으로 얼굴을 돌리고 있던 한 여인이 있었습니다. 힌턴 목사는 예배를 시작하면서 그 여인의 얼굴을 보게 되었습니다. 그는 이렇게 회상했습니다. "내가 지금까지 본 가장 충격적인 모습이었습니다. 눈과 귀는 아예 없었습니다. 손가락도 없는 손을 번쩍 들고 열정적으로 '받은 복을 세어 보아라'라는 찬송을 부르는데 몹시 충격을 받았습니다." 돌아오면서 그는 선교팀원들에게 "이제는 그 모습이 떠올라서 다시는 그 찬송을 못 부를 것 같지 않나요?"라고 물었습니다. 그러자 팀원 중 한 사람이 대답했습니다. "예, 목사님. 이제 전에 부르던 식으로는 그 찬송을 부르지 못할 것 같습니다."

저는 그 여인이 자신이 갈 천국, 천국에 들어갈 수 있게 된 구

예배
사색

원만 생각했다면 그토록 뜨겁게 찬송을 부를 수 없었을 것이라고 생각합니다. 자신의 삶이 매우 무기력하고 비참해 보이는 그 자리에서 천국의 소망은 그 여인에게 지금 이 땅에서의 존재 의미와 가치를 부여했기 때문에 가능했을 것입니다. 눈도 귀도 사라진 얼굴은 감사 조건이 아닙니다. 그것은 엄연한 현실인데 그 예배가 현실을 부정하는 잠시의 최면 현상일 수 없습니다. 예배 후에도 그 여인이 여전히 기쁜 마음으로 살았다면, 그것은 바로 그 영원한 생명이 그가 호흡하는 모든 순간에 의미를 부여할 수 있었기 때문일 것입니다.

우리는 어쩌면 구원의 이 놀라운 은혜를 놓치며 살고 있는지 모릅니다. 아니, 어쩌면 구원의 놀라운 은혜를 '오해'하며 살고 있는지도 모릅니다. 그 은혜 때문에(?) 임한 세상의 형통이 감격으로 예배하게 만드는 원인이 될 때, 형통치 못함은 예배하지 못하게 만드는 원인이 되기도 합니다. 가난과 질병은 축복이 아니라 언젠가 극복되어야 할 문제이기에 가진 사람은 나눠야 할 책임이 있고 가지지 못한 사람은 저항해야 할 책임이 있습니다. 형통과 실패에, 소유와 무소유에, 가난과 부함에 새로운 의미를 부여한 것이 바로 구원입니다. 다시 말하지만 예배는 이 구원을 드러내는 고백의 행위입니다.

그래서 저는 예배 때마다 예수 그리스도의 십자가와 부활을 말하고 싶습니다. 단순히 어렵게 사는 분들에게 세상으로부터의

도피처를 제공하기 위해서가 아니라, 세상에 있으나 세상에 속하지 않은 제자의 정체성을 가지고 세상에 나가도록 하기 위해서입니다. 주님이 다시 오시는 날, 우리가 영광스러운 그곳에 가는 날 드릴 예배에는 이런 긴장이 없겠지요. 하지만 이 땅에 사는 날동안, 구원의 약속은 살아 내야 할 사명을 요구합니다. 환경 때문에 감사한 것도 아니고, 환경을 초월한 무관심함으로 감사한 것도 아닙니다. 그렇다고 그 환경을 통해 하나님이 이루실 일이 무엇인지 알아서 감사한 것도 아닙니다. 개인적인 고난의 구체적인 원인은 죽을 때까지도 모를 수 있습니다. 아프면 아픈 대로, 힘들면 힘든 대로 우리는 제자로 이 세상을 살아 낼 것입니다. 비록 우리 삶이 구체적으로 하나님의 어떤 일을 이룰지 모르지만 하나님은 우리 삶을 통해 하나님의 원하심을 이루실 것입니다.

우리는 그저 약속을 믿고 사는 사람들입니다. 한 주간을 그렇게 살았고, 또 한 주간도 그렇게 살 것이라는 고백의 행위로 우리는 그렇게 모여 전심으로 하나님의 구원을 기뻐하며 예배합니다. 그래서 어떤 환경에 있든지 우리는 모두 그리스도를 통한 구원을 기뻐하며 전심으로 예배합니다.

하나님의 음성을
듣고 싶습니까?

냉장고가 발명되기 전에는 사람들이 더운 날씨에 음식을 보관하기 위해 얼음 창고를 사용했답니다. 창문 하나 없이 아주 두꺼운 벽으로 밀봉된 공간을 만들어서 겨울에 호수나 시내의 얼음을 잘라다 그 공간에 넣고 톱밥으로 덮어 놓으면 얼음 창고가 됩니다. 그 공간에서는 얼음이 녹지 않고 여름까지도 간답니다.

회중 교회 목사였던 존 해밀턴(John Hamilton)이 이런 얼음 창고에서 시계를 분실한 어떤 사람의 이야기를 소개한 적이 있습니다. 아무리 찾아도 찾을 수가 없었습니다. 여러 사람이 얼음 창고에 들어가 톱밥을 헤치며 시계를 찾았지만 결국 찾지 못했습니다. 그때 한 소년이 자기가 찾을 수 있다며 얼음 창고로 들어갔습니다. 그러고는 엎드려 귀를 바닥에 댔습니다. 아주 적막한 가운데 소년은 시곗바늘이 움직이는 소리를 들을 수 있었습니다.

우리는 예배 중에 하나님의 음성을 듣고 싶어 합니다. 하나님의 음성을 듣는다고 할 때 마치 육성을 듣는 것처럼 하늘에서 들려오는 소리를 기대하는 분은 거의 없을 것입니다. 대부분은 성령께서 우리 마음에 들려주시는 확신과 강력한 임재를 기대합니다. 마찬가지로 하나님의 뜻을 분별한다고 할 때에도 초자연적 계시에 의해서 하나님의 뜻을 알게 되기를 기대하기보다는, 하나님의 뜻을 분별할 수 있는 통찰력과 지혜를 기대한다는 의미일 것입니다.

하지만 아무리 기도해도 하나님의 뜻을 분별할 수가 없고 아무리 사모해도 하나님의 음성을 듣지 못한다는 것이 우리가 경험하는 답답함입니다. 그러니까 하나님의 음성을 듣고 싶다는 말은 예배 중에도 참 자주 사용하지만, 그것이 어떤 것인지 경험한 사람은 거의 없는 것 같습니다. 신앙생활을 시작하는 분들에게는 하나님의 뜻을 분별한다든지, 하나님의 음성을 듣는다든지 하는 말들이 참 애매합니다. 사람들은 대부분 그 문제에 대한 답을 찾은 것이 아니라 그냥 느낌으로 막연히 알기 때문에 신앙생활을 오래 한 분들도 그런 질문을 받으면 당황하게 됩니다. 저도 예배를 통해 하나님의 음성을 듣고 싶고, 하나님의 임재를 경험하고

예배
사색

싶습니다.

하지만 어쩌면 실제로 문제가 되는 것은 우리의 관심일지도 모르겠다는 생각을 한 적이 있었습니다. 다시 말하면 그것이 무엇인지 모르는 것도 문제지만, 정말 하나님의 음성을 듣고, 하나님의 인도하심을 경험하고 싶어 하는지도 문제라는 말입니다. 초자연적인 경험을 원한다면 그런 일은 경험하는 경우가 많지 않겠지만, 많은 그리스도인이 원하는 것이 단순히 그런 초자연적인 경험이 아닌 하나님의 임재라면 경험의 부재를 탓하기보다는 우리가 정말로 하나님의 임재를 원하는지 돌아보아야 합니다.

휴대전화 벨소리 중에 '모기 톤'이라는 것이 있습니다. 아이들이 선생님 몰래 문자를 보낼 때 사용하는 톤이라고도 하는데, 이 톤의 특징은 일반적으로 25세 이상은 듣지 못한다는 것입니다. 귀에는 아주 가는 털이 있어서 음파를 뇌로 보내는 역할을 합니다. 나이가 들면서 그 털이 닳아져 25세 이상이 되면 16킬로헤르츠 이상의 소리는 듣지 못하는데, 모기 톤이 17킬로헤르츠라고 합니다. 소리가 없어서 못 듣는 것이 아니라 들을 능력을 상실해서 소리를 듣지 못하는 것입니다. 그 소리는 항상 거기에 있어도 영적으로 둔해지면 들리지 않을 수 있습니다.

어느 인디언이 뉴욕에 사는 친구를 찾아갔답니다. 둘이서 맨해튼 시내를 걷는 중에 인디언 친구가 갑자가 멈추어 서더니 "어디서 귀뚜라미 우는 소리가 들리는데?"라고 했습니다. 뉴욕에 사는 친구가 말했습니다. "정신 나갔어? 이렇게 복잡하고 소음이 많은데 무슨 귀뚜라미 소리가 들린단 말이야?" 인디언 친구는 정말이라며 귀를 세우고 두리번거리더니 주변 큰 화분에 심긴 나무에서 귀뚜라미를 발견했습니다. 놀라는 뉴욕 친구에게 인디언 친구가 말했습니다. "내가 특별히 탁월한 청각을 가지고 있다고 생각하지 말게. 듣고 싶은 것에 대한 관심이 다를 뿐이야." 그러고는 주머니에 있던 동전 몇 개를 바닥에 던졌습니다. 그랬더니 그 주변을 지나던 사람들이 다 멈추어 서서 바닥을 보았습니다. "듣는 능력이 아니라 무엇을 들으려고 하는가가 문제입니다."

돌아보면(물론 돌이켜 생각하는 것이니까 그 당시 마음 상태가 정확히 어땠는지 확실치 않지만) 제가 예배를 인도하면서 진심으로 하나님의 임재에 목말라 한 적은 그리 많지 않았던 것 같습니다. 듣고 싶은 소리가 몹시 많았기 때문입니다. 성장의 소리도 듣고 싶었고, 칭찬의 소리도 듣고 싶었고, 아무 문제 없이 잘 진행된 깔끔한 소리도 듣고 싶었습니다. 새로 나오는 교인들의 발자국 소리도 듣고 싶었고, 불평이 많던 사람에게서 인정의 소리도 듣고 싶었습니다. 제 속에 있는 욕망의 외침도 듣고 싶었습니다. 예배를 하면서도 제 관심은 온통 주변 소리에 쏠려 있었기 때문에 그 자리에 함께하는 천군천사의 소리도, 하나님의 흔적 소리도 들을 수 없었습니다.

물론 제가 신비로운 소리를 말하고 있는 것이 아님은 잘 아실 것입니다. 차분히 귀를 기울이고 들어야 할 때에 얼음 창고의 톱밥을 헤집느라 마음만 분주했다는 말입니다. 예배를 하면서도 예배에 관심이 없었다는 말입니다. 하나님의 음성을 듣기 원한다고 하면서도 하나님의 입술을 주목하기보다는 초자연적으로 혹은 지극히 수동적으로 들려지기를 기대했다는 말입니다.

"어떻게 하면 하나님의 음성을 들을 수 있을까"에 선행하는 질문은 "정말 하나님의 음성을 듣기 원하는가"입니다. "어떻게 하면 하나님의 뜻을 분별할 수 있을까"에 선행하는 질문은 "정말 하나님의 뜻에 순종하려는 의지가 있는가"입니다. 하나님의 뜻을 찾는 질문이 자기 합리화나 자신의 결정에 대한 인증 정도일 때 하나님의 원하심은 보이지 않습니다. 나의 원함만 보일 뿐이지요. 그러니까 "어떤 예배가 합당한 예배인가"에 선행하는 질문도 "정말 예배하고 싶은가"라는 질문일 겁니다.

예배에 임하는 저 자신에게 진정으로 묻고 싶습니다. "진정 예배하기 원하는가?" 예배하기 위해 예배 자리를 찾은 회중에게 확인하고 싶습니다. "진정으로 예배하기 원하십니까?" 그렇다면 엎드려야 합니다. 귀를 땅에 대야 합니다. 그리고 헤집어진 톱밥 사이에서 아주 작지만 째깍거리는 시계 소리를 들으려고 해야 합니다. 시계를 찾느라, 톱밥을 헤집느라 마음이 분주하고, 시끄러워서 아무것도 들리지 않는다고 원망할 것이 아니라, 내가 원하는 소리는 그런 소리가 아니라고 마음을 닫을 것이 아니라 엎드려 귀를 땅에 대는 겸손함으로 "주님을 예배하며 주님의 말씀을 듣고 싶습니다. 말씀하소서"라고 고백해야 합니다.

파라과이 선교사였던 스튜어트 색스(Stuart Sacks)가 마카족 인디언들을 섬길 때, 어느 날 식사를 하고 있는데 한 원주민이 다가와 식탁에 앉았습니다. 선교사가 그에게 무엇을 원하는지 물었습니다. 그때 그는 "함, 헤네크, 메트"(Ham, henek, met. 아무것도 원하지 않습니다. 그냥 가까이 왔습니다)라고 대답했습니다. 다시 물었더니 계속 같은 말을 했습니다. 처음에는 그 말뜻을 알지 못했는데 "함, 헤네크, 메트"는 단순히 가까이 왔다는 말이 아니라 존경한다는 의미임을 나중에 알았습니다. "그냥 가까이 왔습니다"는 존경의 표현이었습니다.

예배란 "그냥 가까이 왔습니다"라고 말하는 것입니다. 주님의 음성을 듣고 싶다는 말은 그런 의미에서 존경의 표현이고 예배의 자세입니다. 주님의 음성을 듣고 싶으십니까? 주님의 뜻을 알고 싶으십니까? 그렇다면 소리가 안 들린다고, 무슨 소리가 들리느냐고 말할 것이 아니라 "그냥 가까이 왔습니다"라고 말해야 할 것입니다. 주님의 음성을 듣고 싶다는 말은 자기중심적인 욕구와 호기심의 충족을 위한 말이 아니라 예배하려는 겸손의 열망이기 때문입니다.

예배
사색

예배가
의무인가요?

역사적으로 굉장히 유명한 유물로 두
개의 은색 그릇이 있습니다. 하나는 덴마크에서 발견된 주전 1-2
세기경 유물인 '군데스트럽 가마솥'(Gundestrup cauldron)이고, 다
른 하나는 아일랜드에서 발견된 주후 8세기경 유물로 '아르다 성
배'(Ardagh Chalice)입니다. 군데스트럽이라는 은잔은 신들과 용사
들로 장식되어 있는데, 요리하는 신이 꿈틀거리는 인간을 기름통
속에 집어넣는 장면이 새겨져 있습니다. 신들이 인간의 희생 제
물을 요구하는 모습입니다. 아르다 성배는 아일랜드 사람들이 기
독교인이 된 후에 성찬을 위해 만든 것으로 아주 화려하고 정교
한 그림들로 장식되어 있는데, 거기에는 사도들의 이름과 십자가

가 새겨져 있어서 인간을 위해 자신을 희생하는 신이 묘사되어 있습니다. 인간의 희생을 통해 자기를 사랑하라는 신과 자신의 희생을 통해 인간을 사랑하는 신이 이 두 잔을 통해 잘 대조되고 있습니다.

C. S. 루이스(Lewis)가 「시편 사색」(*Reflections on the Psalms*, 홍성사 역간)이라는 책에서 항상 자기를 찬양하고 섬기라고 하고 자신에게 영광을 돌리라고 하는 하나님의 이미지가 불편했다고 말한 것처럼, 하나님은 늘 우리에게 예배와 희생을 원하는 분이라는 인식이 그리스도인들에게도 있습니다. 특히 예배에서 의무가 강조되고 교회에서 희생과 헌신을 요구하면서 그로 인한 축복과 저주를 말하면, 마치 하나님은 인간이 처한 상황에는 상관없이 자기에게 영광 돌리기를 요구하거나, 인간의 열악한 환경을 바꾸어 주겠다는 조건으로 헌신을 강조하는 잔인한 하나님이 되어 버립니다. 심하게 들릴지 모르지만 예배를 의무화한 것은 성장과 기득권을 지키려는 목사와 교회 공동체의 흑심일지도 모릅니다.

그러나 예배는 어떤 경우에도 하나님의 사랑과 보호하심의 조건이 되는 의무적 행위가 아닙니다. 결코 아닙니다! 하나님은 우리가 예배하지 않으면 우리를 기름통 속에 넣는 분이 아니십니다. 예배는 복을 받기 위한 수단도, 저주를 피하기 위한 수단도 아닙니다. 예배는 언제나 우리를 위해 십자가에서 죽으신 예수 그리스도의 은혜에 반응하는 것입니다. 하나님은 그렇게 우리가 은

예배
사색

혜를 받고도 예배하지 않는다고 화를 내시는 분이 아닙니다(조금 더 설명하겠지만 하나님은 당신의 만족을 위해 화를 내는 분이 아니라는 의미입니다). 설령 하나님이 슬퍼하시고 화를 내신다면, 그것은 하나님이 우리의 영광을 필요로 하는 분이기 때문이 아니라 그것이 우리의 행복이기 때문일 뿐입니다.

개혁주의 신학에서 하나님의 불가해적 속성을 말할 때 사용하는 용어로 '자존성'(aseity)이라는 말이 있습니다. 하나님은 스스로 만족하시고 철저하게 독립적인 분이기 때문에 인간의 도움이나 예배를 필요로 하지 않는 분이라는 의미입니다. 이 용어에는 오해의 소지가 있습니다. 그렇다면 우리는 하나님이 원하지도 않고 필요로 하지도 않는 예배를 한다는 말인가 싶고, 하나님에게 필요 없는 존재라는 생각은 인간을 더욱 비참하게 만들 수 있으니까요. 하나님의 이 속성은 단순히 하나님은 인간을 필요로 하지 않으시니 예배나 섬김이 필요 없음을 의미하는 것이 아닙니다. 자족하시는 하나님은 우리의 예배를 필요한 것으로 만드시고, 우리의 예배를 통해 기뻐하기로 작정하셨기 때문입니다.

하나님은 본유적으로 우리가 없으면 안 되는 분이라서 자신의 필요를 채우기 위해 우리에게 예배와 헌신을 요구하는 분이 아닙니다. 하나님은 삼위 안에서 자족하는 분이지만 우리와의 관계를 통해 기쁨을 누리기로 정하시고, 그 관계를 통해 인간의 행복이 완성되도록 하셨기 때문입니다. 결과적으로 우리의 예배는 절대적 필요(consequent absolute necessity)가 된 것입니다. 그러니까 우리가 하나님의 영광을 위해서 한다고 하는 모든 행위는 관계를 통한 인간의 완성을 의미하는 것이지, 하나님의 부족함을 채워 드리는 것이 아닙니다. 우리가 드리는 예배는 외로운 하나님을 일주일에 한 번 찾아가 위문 공연을 해서 권력과 재력의 하나님이 노여워하지 않고, 소유하신 것을 예배하는 자들에게 풍성하게 나눠 주시게 만들려는 군데스트럽 가마솥의 예배가 아닌 것입니다. 예배는 결코 하나님의 사랑과 보호하심을 위한 의무적 행위가 아닙니다. 우리가 하나님을 찾아간 것이 아니라 하나님이 우리를 찾아오신 것이니까요.

2003년 뉴욕에 있는 교회인 더 처치 오브 홀리 크로스(The Church of Holy Cross)가 두 번이나 도둑에게 털렸습니다. 처음에는 헌금함이 털리고, 3주 후에는 훨씬 중요한 예수의 동상을 도둑맞았습니다. 120센티미터에 약 91킬로그램 정도 되는 커다란 동상인데, 그것을 훔쳐 간 것입니다. 그러면서 벽에 걸려 있던 커다란 십자가는 그냥 두었습니다. 당시 교회 건물을 관리하던 데이비드 제임스라는 분의 인터뷰가 재미있습니다. "도둑들이 십자가는 두고 예수님만 훔쳐 갔습니다. 예수님을 원한다면 십자가도 가져가야 하는 걸 몰랐나 봅니다."

예수를 원한다면 십자가도 가져가야 합니다. 물론 우리도 주님이 가신 고난의 길을 가야겠지만, 제가 여기서 하고 싶은 말은

예배
사색

우리가 고난을 받아야 한다는 것이 아니라 주님이 우리를 위해 가신 고난의 길과 그로 인해 우리에게 주어진 생명의 소중함을 잊지 말아야 한다는 것입니다. 우리를 위해 고난의 길을 가심으로 우리 죄를 용서하시고 우리로 하나님의 자녀가 되게 하신 십자가를 내버려 두고 예수를 섬기며 예배할 수는 없습니다. 예수의 희생은 우리의 희생 조건이 아닙니다. 우리의 희생은 단지 예수의 희생에 대한 반응일 뿐입니다.

예배는 은혜받은 사람에게 남아 있는 채무 의무 중 하나가 아닙니다. 십자가의 예수께서는 우리가 예배할 대상이지 예배의 조건이 아니십니다. 예배를 통해 아르다 성배를 마시는 것이 아니라 군데스트럽 가마솥을 마신다면 그 경배는 두려움의 경배이지, 사랑과 존경의 경배가 될 수 없을 것입니다. 은혜를 알아도 여전히 남아 있는 죄성과의 싸움, 그 싸움을 위한 훈련에 의무적 요소가 있음은 인정하지만, 그렇다고 해서 예배 자체가 의무적 행위가 될 수는 없습니다. 다시 말하면 우리가 예배를 의무적 행위로 여긴다 할지라도 그 동기는 예배를 하고 싶다는 열망으로 죄성을 쳐서 복종시키기 위한 의도이기 때문에 엄밀히 의무일 수 없는 것입니다.

오늘날 예배가 예수의 십자가를 잃어버렸다는 생각을 해보셨나요? 예배 중에 예수의 십자가에 관한 찬송이나 설교가 없다는 의미가 아닙니다. 예배가 하나님의 사랑에 대한 반응이라는 사실을 잊어버렸다는 의미입니다. 예수를 원하지만 십자가는 없습니다. 예수를 사랑한다고 고백하는 감성은 있는데, 그 예배를 가능케 한 십자가의 은혜는 없습니다. 그래서 찬송도, 기도도, 예배 자체도 감격보다는 강요된 느낌이 강합니다.

예수는 있는데 십자가가 없는 예배! 이것이 가능할까요? 예수를 '본받아야 할 훌륭한 성인' 정도로 여긴다면 가능합니다. 외롭고 힘든 인생길에 항상 곁에 계셔서 위로해 주는 친구, '정신적, 심리적 만족을 위한 아이콘' 정도로 여긴다면 가능합니다. 순종하고 헌신하는 자에게 복을 주시고, 순종치 않고 교회에 헌신하지 않는 자에게는 벌을 주셔서 희생을 요구하는 '독재적 군주' 정도로 여긴다면 가능합니다. 그러나 우리가 예배하는 예수께서는 우리가 순종과 헌신을 보이기 전에 우리를 무조건 사랑하셔서 우리를 위해 십자가의 길을 가신 사랑의 하나님입니다. 우리의 예배는 갚아야 할 빚이 아니라 사랑과 감사의 표현입니다.

주님이 가신 십자가의 길은 단순히 우리가 따라야 할 의무의 길이 아닙니다. 오히려 자발적으로 그 길을 가도록 만드는 사랑의 길입니다. 하나님이 우리에게 요구하시지 않아도 우리가 예배를 의무로 여기는 것은 진심으로 예배하고 싶은 마음이 있기 때문일 것입니다. 매 주일 주님이 주시는 아르다 성배를 마시고 싶습니다.

"달라서
미안합니다"

라비 재커라이어스(Ravi Zacharias)는 「우리를 악에서 구하소서」(*Deliver Us from Evil*)라는 책에서 19세기 유명한 선교사 조셉 데미안(Joseph Damien) 신부에 관한 이야기를 소개했습니다. 데미안 신부는 19세기 하와이에 있는 몰로카이 (Molokai)섬에서 나환자를 위해 사역한 선교사입니다. 그곳에서 사역하는 동안 데미안 신부는 대부분 나환자인 그곳 교인들에게 큰 사랑을 받았습니다.

어느 날 아침, 데미안 신부는 예배를 인도하러 나가기 전에 컵에 뜨거운 물을 붓다가 실수로 발에 쏟았습니다. 그런데 아무 느낌이 없었습니다. 한편으로 두려운 마음이 들어서 뜨거운 물을 다시 발에 부어 보았습니다. 역시 아무 느낌이 없었습니다. 그는 즉각적으로 자신에게 무슨 일이 일어났는지를 알았습니다. 쏟아지는 눈물을 닦으며 그는 예배당으로 들어갔습니다. 설교 시간이 되어 말씀을 전하는데 그의 첫마디에서도 교인들은 아무것도 눈치 채지 못했습니다. 평소에는 "나의 동료 신자 여러분!"이라는 인사로 시작하는데, 그날은 "나의 동료 나환자 여러분!"이라고 인사한 것입니다. 데미안 신부는 드디어 그들을 동료라고 부를 수 있었습니다. 드디어 그들과 하나 될 수 있어서 그는 감격의 눈물을 흘렸습니다.

저는 목회를 하면서 할 수 있으면 목사와 일반 교인의 차이를 없애려고 애를 썼습니다. 교인들에게 '성직자'라는 용어를 사용하지 않도록 권한 것은 물론이고 미국 사람들처럼 저를 그냥 "형제"(brother)라고 불러 주기를 기대했습니다. 기능적인 차이는 있겠지만 신분상의 차이는 없다는 것과, 기능적인 차이가 있더라도 목사라는 직분보다는 제자라는 정체성이 더 중요하고 본질적임을 믿었기 때문입니다. 제게는 교인들이 목사에게 다르기를 기대하기보다는 목사도 동일한 제자요 형제로 대해 주길 바라는 마음이 있었습니다. 한인 교회에서 이런 인식의 변화는 정말 어렵다는 것을 절감했지만 교인들이 저를 더 나을 것도, 더 못할 것도 없는 동일한 형제로 대해 줄 때 위로가 되고 고마웠습니다.

저 또한 교인들과 다르지 않기 때문에 (기능적인 경험이 같을 수

예배
사색

는 없겠지만) 교인들이 경험하는 것을 똑같이 경험하고 있음에 솔직하려고 많이 애를 썼습니다. 제가 교인들보다 믿음이 좋거나 성숙한 것은 틀림없이 아니었으니까요. 그래서 설교를 마치고 나서 제가 들은 최고의 칭찬은 교인들이 마치 자기 집 이야기를 하는 것 같다고 말해 줄 때였습니다. "누가 말해 준 줄 알았어요!" "어떻게 제 마음을 그렇게 잘 아세요?" 이런 말들이 얼마나 좋았는지 모릅니다. 단순히 정확하게 목표를 맞춘 것 같다는 느낌이 아니라 공감하고 있다는 느낌이 좋았기 때문입니다.

사람들은 다르기를 원합니다. 아니, 다르게 대접받기를 원하고, 특별하게 인식되기를 원합니다. 그러니까 누군가를 섬길 때에도 그들 중 하나가 되기보다는 그들보다 우월해서 섬기기를 원합니다.

노숙자들에게 한 달에 한 번씩 음식을 만들어 섬긴 적이 있습니다. 겸손한 마음으로 열심히 섬겼습니다. 그런데 어느 날, 노숙자 중 한 사람이 음식 투정을 하면서 음식이 담긴 종이 접시를 내던졌습니다. 그러자 교인 중 한 분이 은혜를 모르는 자들을 더는 섬길 필요가 없다며 진노했습니다. 섬김은 차별이 전제된 것이기 때문에 우리가 그들에게 갈 수는 있지만 그들이 우리에게 접근하면 안 된다는 것을 그때 경험했습니다. 봉사가 가능한 것은 다르기 때문이지, 그들과 같기 때문이 아닙니다. 다르다는 것을 인식함은 대단히 중요합니다. 그런데 다르다는 사실에 대한 건강한 인식은 교만하게 만드는 것이 아니라 죄송하게 만드는 것이어야 합니다.

1977년 위르겐 몰트만이 멕시코시티에서 열린 해방 신학 콘퍼런스에 참석했습니다. 그때까지 그는 항상 약자 편에서 약자들을 위한 신학을 한다는 일종의 자부심이 있었습니다. 그 콘퍼런스에는 해방 신학자, 여성 신학자, 흑인 신학자 등 다양한 주변(?) 신학을 하는 사람들이 모여 있었습니다. 그는 그때 일을 회상하면서 이렇게 고백했습니다.

> "갑자기 '나는 여기에 속하지 않는다. 나는 억압받는 자도 아니고, 흑인도, 여성도 아니다. 나는 해방 신학 운동을 도울 수 있고 그들에게 배울 수도 있지만, 내 존재는 그들 안에 없다! 이제 어떻게 해야 하는가?'라는 깨달음이 왔습니다."

그때의 깨달음이 그로 하여금 평생 억압받는 자들을 진실하게 섬길 수 있도록 했을 것입니다. 데미안 신부가 나환자들을 섬기면서 느낀 이질감이 바로 그런 것이었을까요? 이런 마음이 없다면 온전히 섬기기 어려울 것입니다. 그냥 하나라고 말할 것이 아니라 달라서 미안해야 하고, 달라서 조심스러워 해야 합니다.

목회를 하다 보면 교인들에게 가끔 듣는 말 중 하나가 "목사님은 제 심정을 몰라요. 아마 목사님은 제가 지금 얼마나 힘든지 모

예배
사색

르실 거예요"라는 말입니다. 예전에는 그런 말을 들으면 은근히 화가 났습니다. '그러면 뭐 어쩌란 말인가? 꼭 경험한 사람만 아는가? 경험을 통해 감정이입을 하지 않고 객관적으로 사건을 볼 수 있는 것이 더 정확하지 않은가? 예수님이 나를 이해하기 위해서 인간이 되셨지만 장애인이 된 것은 아니지 않은가!' 실제로 이런 말들로 반박한 적도 있고, 마음속에 그런 생각들을 품은 적도 있었습니다.

요즘은 생각이 많이 달라졌습니다. 그들의 말은 매우 맞는 말입니다. 섬김은 잘 안다는 마음으로 하는 것이 아니라 잘 모른다는 마음으로 하는 것입니다. 사실 저는 잘 모릅니다. 그래서 송구하고 미안합니다. 일주일에 60시간씩 일하면서 홀로 두 자녀를 키우며 신앙생활하는 것이 얼마나 힘든지를 제가 알겠습니까? 긴 시간을 투병하면서도 날마다 감사하며 살려고 하지만 하루에도 수십 번씩 우울해지는 그 절망감을 제가 알겠습니까? 열심히 믿어 보려고 하는데 안 믿어지고 세상이 공평하지 않다는 불평만 생길 만큼 전혀 나아지지 않는 불안한 현실을 대하는 청년의 마음을 제가 알겠습니까? 저는 그들이 아닙니다. 자기도 나환자가 되면 좋겠다고 생각한 데미안 신부처럼 깨지지는 못했지만, 힘들어하고 아파하는 분들을 보면 책망이나 훈계를 하기보다는 미안한 마음이 듭니다.

목회의 기본은 공감입니다. 공감되지 않으면 정죄하고 화를 낼 것이 아니라 미안해하고 송구해하는 것이 바로 인간이 되셔서 인간을 구원하신 예수의 복음을 전하는 목회의 기본입니다. 좀 더 정확히 말하면 공감하려고 애써야 할 만큼 자신은 다른 사람을 잘 모른다는 사실을 인식하는 것입니다. 그리고 그 다름이 혹 신분과 소유의 차이라면 미안한 마음이 있어야 합니다. 마치 다 아는 것처럼, 자기가 경험한 것이 곧 남이 경험하고 있는 것인 양 과거 자신의 경험을 기준으로 훈계하려 들거나 일반화하는 것은 위험합니다.

긴 시간 나환자 마을에서 나환자들을 섬겨도 그들이 되지는 않습니다. 그래서 송구하고 미안한 것입니다. 야단을 칠 때도 미안한 마음이고, 도움을 줄 때도 미안한 마음이 듭니다. 같지 않다는 사실에 대한 인식이 차별과 억압을 가져왔기 때문에 다르지 않음을 강조하는 사회에 살고 있지만, 같지 않다는 사실에 대한 인식은 원래 사람을 겸손하게 만드는 것입니다.

예배 현장에서 '우리는 하나'임을 항상 강조하지만 하나 됨의 강조가 혹시 강요나 억압은 아닐까 싶기도 합니다. 약자들에게는 따라오라는 요구일 수 있으니까요. 다름을 인정하는 것이 하나가 되는 길이고, 그렇게 하나가 되었을 때 다르지 않음에 비로소 기뻐할 수 있을 것입니다. 우리는 지나치게 빨리 하나가 되려고 하지 않나 싶습니다. 달라서 죄송합니다.

예배
사색

예배를 보다,
예배를 구경하다

미시간주에 있는 디트로이트에 가면 증기 기관차 박물관이 있습니다. 아주 거대한 옛날 기관차가 전시되어 있는데, 그 기관차를 소개하는 안내판에는 기관차의 보일러 압력, 마력, 길이, 무게 등이 기록되어 있습니다. 그런데 그 안내판 하단에 다음과 같은 글이 있습니다. "이 기관차에서 나오는 힘의 96퍼센트는 이 기관차를 움직이는 데 사용되고, 4퍼센트만 짐을 이동하는 데 사용됩니다." 기관차의 발명은 인류 역사에 엄청나게 기여했지만 초기 기관차는 참 비효율적이었습니다.

교인이 많이 모이는 교회든 적게 모이는 교회든 지도자들이 공통으로 토로하는 어려움 중 하나는 일꾼이 적다는 것입니다.

교인이 많으면 일하는 사람이 많을 것 같은데 사실은 그렇지 않습니다. 어쩌면 모든 단체와 집단에서 볼 수 있는 당연한 현상이기 때문에 '80/20 원리'라는 것이 생겼는지도 모릅니다. 80/20 원리란 19세기 이탈리아의 유명한 수학자요 경제학자였던 빌프레도 파레토(Vilfredo Pareto)가 처음 주창한 것으로, 모든 일의 80퍼센트는 20퍼센트에 의해서 만들어진다는 원리입니다. 이보다 극단적으로 교회를 미식축구에 비유해서 미식축구 경기장이 53명의 선수와 6만 명의 관중으로 구성된 것처럼 교회도 20명의 예배자와 1,000명의 방관자로 구성되어 있다고 말하기도 합니다. 예배를 위해 섬기는 사람과 예배자의 비율적 구성을 말하는 것이라면 문제가 없지만, 이것이 '예배하는' 사람과 '예배를 구경하는' 사람의 비율적 구성이라면 정말 심각한 문제입니다.

가끔 교인들에게서 '예배를 드리다'와 '예배를 하다', 그리고 '예배를 보다' 중 어느 표현이 맞느냐는 질문을 받습니다. 제가 국어학자도 아니고 전문가도 아니기에 제 말에 권위가 있는 것은 아니지만 저는 다 맞는다고 생각합니다. 어차피 언어란 문화적인 산물로 한 문화권 안에서 어떤 의미로 사용되느냐에 따라 결정되니까 지나치게 민감할 필요는 없다고 생각하기 때문입니다(물론 표준어를 결정해야 하는 기관은 있겠지만요).

'예배를 본다'는 표현에 대해서는 아동 문학가 권정생 선생의 설명이 도움 됩니다. 옛날 우리 어른들은 '본다'는 말을 '교제한다'

예배
사색

는 의미로 사용하기도 했다고 합니다. 가령 초상집에 가면서 "상주 보러 간다"고 한다든지, 시장에 갈 때 "장 보러 간다"고 한 것은 방관이나 목격을 의미하는 것이 아니라 동참해서 교제한다는 의미가 있다는 것이지요. 그러니까 옛날 어른들이 "예배 보러 간다"고 말하면 방관을 의미하는 것이 아니라 동참과 교제를 의미한다는 것이 권정생 선생의 설명입니다.

'예배를 드린다'고 하면 이미 예배라는 단어에 '드린다'는 의미가 포함되어 있기 때문에 '드린다'는 말을 반복하는 것이 됩니다. 마치 '탁구 친다'라든지 '축구 찬다'라는 말이 표현의 반복이듯이 '예배를 드린다'는 말도 같은 이유에서 적합하지 않다고 말하기도 합니다. 하지만 높여 드림을 반복 사용하여 강조의 의미를 내포한다면 '예배를 드린다'는 말도 무조건 틀렸다 할 것은 아닙니다. 저는 여러 오해의 여지 때문에 '예배한다'는 말을 가장 선호하지만 '예배 드린다'라든지 '예배 본다'는 말의 사용에도 크게 이의는 없습니다.

그보다 저는 예배 현실에서 방관자와 예배자의 차이가 간과되고 있음에 애석함이 있습니다. 사람들이 '예배 본다'는 말을 불편하게 생각하는 이유도 아마 여기에 있지 않을까 싶습니다. 예배가 20퍼센트의 예배자와 80퍼센트의 방관자로 구성되어 있다면, 그것은 무척 안타까운 일이기 때문입니다.

얼마 전에 미국 켄터키주에 있는 초대형 교회의 예배에 참석한 적이 있습니다. 한 예배에 수만 명은 족히 모인 것 같습니다. 앞자리에 있는 사람들은 열광하며 찬송을 부르는데 제 주변에 있는 사람들 중에는(저는 조금 뒤쪽에 자리를 잡고 있었습니다) 두어 사람을 제외하고는 아무도 찬송을 함께 부르지 않았습니다. 제가 그들의 마음을 알 수 있는 것은 아니니까 함부로 판단할 것은 아니지만 그들 마음이 저와 같았다면 그들은 '예배'를 보러 온 사람들이 아니라 '예배하는 사람들'을 보러 온 사람들이었습니다. 당시 방문객이던 제 마음이 그랬으니까요. 게다가 (그냥 제 느낌이었는지 모르지만) 예배 순서나 진행도 앞자리에 있는 사람들을 중심으로 이루어지는 것 같았고, 저를 포함하여 제 주변에 있는 사람들을 크게 상관하지 않는 듯했습니다. 예배를 마치고 나오면서 저는 '이번 주일에는 예배하지 않았다'는 허전한 마음을 금할 수 없었습니다.

응장한 건물과 으리으리한 장비들, 수백 명의 안내 위원……. 20퍼센트 교인들의 헌신과 헌금으로 모임과 기관이 운영되는 데는 문제가 없는지 모르지만 그 예배 참석자 중 80퍼센트가 그저 방관자일 뿐이라면 많은 사람이 모인다는 것은 그리 큰 의미가 없습니다. 물론 저는 효율성에 관한 이야기를 하는 것이 아닙니다. 한 사람을 구원하기 위해 100명이 움직인다 해도 그것을 비효율적이라고 비난하지는 않을 테니까요. 의미 있는 일을 위해 희생하고 헌신하는 것을 효율성으로 판단하는 것이 언제나 옳은 일

예배
사색

은 아닐 것입니다. 제가 말하려는 것은 (하나님에게 헌신된 자라고 하면서도) 그날 저와 같은 마음으로 예배에 참석해서 예배를 본(?) 사람이 많다면 무척 아쉽고 답답한 일이라는 것입니다. 예배에 참석하는 사람들의 100퍼센트가 마음을 모아 하나님을 예배하는 것은 비현실적이라고 해도 20퍼센트의 예배자와 80퍼센트의 참관자가 아닌, 80퍼센트의 예배자와 20퍼센트의 참관자라고 해도 모일 때마다 놀라운 은혜의 간증이 생기겠다 싶습니다.

전도받은 한 여학생이 교회에 다녀온 후 친구에게 이런 편지를 보냈다고 합니다.

"어제는 네가 다니는 교회에 다녀왔어. 너는 교회에 안 왔더라. 사람들이 정말 많아서 뒤쪽에 앉았지. 찬송을 부르는 시간에 나는 찬송을 몰라서 주변을 둘러보다가 깜짝 놀랐어. 몇 사람은 찬송을 하지 않고 그냥 먼 산을 바라보고 있었고, 어떤 사람들은 자기들끼리 서로 떠들더라고. 대부분의 사람 얼굴에 아무런 표정이 없어서 놀랐어. 설교 시간은 정말 조용하긴 한데 연방 시계를 들여다보는 사람, 내내 눈을 감고 있는 사람, 휴대전화를 보고 있는 사람……. 조용한데도 엄청 산만하더라. 나처럼 교회에 방문한 사람이 많아서 그런 걸까?"

유진 피터슨(Eugene Peterson)은 그의 책 「다윗: 현실에 뿌리박은 영성」(*Leap Over a Wall*, IVP 역간)에서 모든 예배 처소에는 "하나님을 조심하라!"(Beware of God!)는 표지판을 붙여 두어야 한다고 했습니다. 마치 핵 발전소나 송전소처럼 위험한 곳에 가면 "조심!", "위험!"이라는 표지판이 있듯이 하나님을 예배하기 위해 모인 곳에도 하나님의 임재의 영광스러움 때문에, 옛 사람이 죽고 새 사람이 살아나는 기적의 변화들 때문에, 성령의 만지심과 위로가 생생한 곳이기 때문에 "조심하라"는 표지판을 붙여 두어야 한다는 것입니다.

설교자나 찬양 인도자에게 왜 그런 분위기를 만들지 못하느냐고 책망하거나 원망할 것이 아니라 예배하는 하나님의 사람들이 모두 그런 마음으로 예배에 임해야 합니다. 많은 수가 모였든, 적은 수가 모였든 모인 사람들 대부분이 예배자로 그 자리에 있다면 생명의 역사가 일어날 수 있다고 믿습니다. 결국 한 사람 한 사람의 자세입니다.

예배를 하십니까? 예배를 보십니까? 예배를 드리십니까? 아니면, 예배라는 종교 행위를 하거나, 자기 자신에게 예배를 드리거나, 예배하는 다른 사람들의 모습을 보고 계신 것은 아닙니까? 예수 그리스도의 은혜를 알고 그리스도를 주라 고백하는 사람이라면 예배의 한 자리 한 자리가 마음을 쏟아야 할 섬김의 자리, 경배의 자리, 동참의 자리입니다.

예배
사색

그 어느 것도 막을 수 없는
예배의 열망

렘브란트(Rembrandt)는 17세기 네덜란드의 유명한 화가입니다. 그를 연구하는 학자들은 그의 시력에 문제가 있었을 것이라고 짐작합니다. 그는 36점의 자화상을 그렸는데, 그가 그린 자화상들을 분석해 보면 그가 눈의 초점을 맞출 수 없는 사시였다는 것입니다. 그러니까 그는 사물을 입체적으로 보는 데 어려움이 있었습니다. 입체적으로 사물을 볼 수 없던 그는 3차원을 2차원으로 끌어내려 표현하는 기술을 익혔기 때문에 사물을 보는 그의 관점에 특이함과 탁월함이 있었다고 주장하는 학자들이 있습니다. 하버드 대학의 신경 생물학자 마가렛 리빙스톤(Margaret Livingstone)은 렘브란트에 대한 이와 같은 연구를 언급하면서 "장애가 언제나 장애인 것은 아니다. 장애는 다른 영역에서 아주 큰 자산일 수 있다"고 했습니다. 장애인으로서 저는 이런 예화를 대하면 일단은 거부감이 생깁니다. 장애의 불편함과 부당함을 합리화하거나 미화하는 것처럼 들리기 때문입니다.

대학생 때 청년 간증 집회에 참석한 적이 있습니다. 그때 저와 같은 소아마비 장애를 가지고 있던 한 청년이 예수를 만나고 나니 장애도 감사했다고 간증하면서 이렇게 말했습니다. "두 다리로 멀쩡하게 걷는 게 재미없고 지루하지 않으세요? 절뚝거리며 걷는 게 스릴도 있고 재미도 있습니다." 그 간증이 제게는 몹시 불편했습니다. 장애에도 불구하고 감사할 수 있는 이유를 주셨다면 인정하겠는데 장애 자체가 좋은 것인 양 말하는 것 같았기 때문입니다. 저는 장애가 좋다고 생각한 적이 한 번도 없습니다. 그 청년이 자신의 장애를 그렇게 미화할 수 있을 만큼 주님의 은혜가 크고 감사하다는 의미였음은 나중에 깨달았지만 지금도 여전히 이런 간증은 불편합니다.

고난은 죄로 인하여 세상에 들어온 것입니다. 죽음도 죄로 인하여 세상에 들어왔습니다. 하나님이 세상을 창조하신 후 좋았다고 말씀하신 것 가운데 죽음이나 고난은 없었습니다. 독일에 있을 때 제 독일어 선생님은 무신론자였는데 죽음 예찬론자였습니다. 제가 생각할 수 있는 무신론자의 논리적 결과는 염세주의나 쾌락주의인데, 쾌락주의자인 그는 죽음의 문제를 극복할 수 있는

예배
사색

길로 죽음 자체를 미화했습니다. 하지만 죽음은 아름다운 것이 아닙니다. 죽음은 이승과 저승을 나누는 관문이기는 하지만, 죽음이 불행으로 들어가는 문이라면 결코 아름답지 않습니다. 예수께서 사망의 권세를 깨뜨리셨기 때문에 죽음을 통해 생명으로 들어갈 수 있어서 죽음이 두렵지 않을 뿐입니다. 그러니까 죽음이 귀한 것이 아니라 죽음에도 불구하고 살아갈 이유가 된 생명, 죽음 이후에 주어질 생명이 귀한 것입니다. 고난이 귀한 것이 아니라 고난을 통해 이룰 수 있는 것이 귀한 것입니다. 그래서 바울도 말했지요. "환난은 인내를, 인내는 연단을, 연단은 소망을 이루는 줄 앎이로다"(롬 5:3, 4).

저는 고난 중에 한 주간을 살다가 예배에 참석한 교인들, 주어질 또 다른 한 주간을 여전히 두려움을 품고 살아야 할 교인들에게 예배가 어떤 의미가 있을까, 무엇이 위로가 될 수 있을까를 심각하게 고민한 적이 있습니다. 일부 교인들이 지나고 있는 버거운 삶의 여정에 마음이 아팠기 때문이고, 어떤 분들에게는 예배가 그리 큰 힘이 되지 않는 의무 정도로 보였기 때문입니다. 가난해서 불행하다 말할 것은 아니지만 그렇다고 부자가 되게 해달라고 기도함도 마땅치 않아 보였고, 장애가 있어서 비참하다 말할 것은 아니지만 그렇다고 하나님의 고치심에 막연한 기대를 가지고 살아가도록 함도 마땅치 않아 보였습니다. 그래서 예배를 인도하는 저로서는 고민이었습니다. 하나님의 성품과 주권에 대한 신학적 견해의 중요성을 설명해야 하는 설교자의 사명도 알았고, 삶의 현장에서 고난 중에 살아야 하는 교인들의 설명하기 힘든 정서와 버거운 현실에 대한 목회적 아픔도 경험했으니까요. 주님의 주권을 인정하며 참아 내기를 구해야 할 것 같기도 했고, 한 번만 살려 달라고 매달리며 부르짖어야 할 것 같기도 했습니다. 가난 중에도 감사할 수 있는 믿음을 갖자고 권면해야 할 것 같았고, 하나님은 가난의 문제도 해결할 것이니 믿음으로 도우심을 구하자고 위로해야 할 것도 같았습니다. 솔직히 지금도 이런 상황이 제게는 딜레마라서 예배하는 교인들의 갈등이 어느 정도 이해됩니다. 어떤 모양으로든 성령의 충만함으로 인한 하나님의 위로를 구할 뿐입니다.

하지만 제가 놓치고 싶지 않던 분명한 것이 있습니다. 처음부터 그랬던 것은 아니고 목회를 하면서 점점 확신하게 된 것입니다. 바로 '예수 그리스도를 주목하는 것'입니다. 저는 렘브란트가 자신이 지닌 장애를 어떻게 극복할 수 있을까를 주목하지 않았다고 생각합니다. 그는 자신에게 주어진 장애를 어떻게 극복할 수 있을까를 고민하며 그림을 그린 것이 아니라 자신에게 주어진 장애 가운데서도 몹시 그림을 그리고 싶었을 뿐입니다. 그림을 통해 자신의 마음을 표현하고 삶을 표현하고 싶은 간절한 마음이 사시라는 장애를 극복하게 만든 것입니다.

어릴 적에 제 모든 불행의 근원은 장애라고 생각해서 장애를

예배
사색

낫게 해달라고 기도한 적이 있지만 실은 저에게 장애를 극복하는 것보다 더 간절했던 것은 사람들에게 인정받는 것이었습니다. 지체장애가 아니라 그 장애로 인한 낮은 자존감이 제게는 더 힘든 일이었던 셈입니다. 이런 제 자존감의 문제를 해결해 주신 분이 예수님입니다. 제 장애는 하나님이 고쳐 주실 수도 있고 고쳐 주지 않으실 수도 있습니다(지금도 고쳐 주시면 좋겠다는 마음이 더 크지만). 지금도 장애는 불편하고 싫지만 제게 궁극적인 가치는 고침받는 것이 아니라 주님과 동행하는 것입니다.

모든 사람의 궁극적인 가치는 행복입니다. 어떤 사람은 돈이, 어떤 사람은 건강이 행복을 가져다줄 수 있겠다 싶어서 돈이나 건강에 최고의 가치를 두고 살아가지만 돈 자체를 좋아하는 사람은 없습니다. 돈이 편안함을 제공하고, 편안하면 행복하다고 생각하기 때문에 돈을 원할 뿐입니다. 그리스도인들은 비록 불편과 부족으로 인해 아쉬움을 가지고 세상을 살아가면서 건강하면 좋겠고 돈이 많으면 좋겠다 싶어 하나님에게 간절히 기도하기도 하지만, 그것은 돈과 건강이 불행을 극복하게 할 수 있다고 생각해서일 뿐입니다. 그리스도인은 오직 예수 그리스도께서 주신 생명만이 인생을 궁극적으로 행복하게 할 수 있음을 고백한 사람들입니다. 예배는 이러한 마음의 궁극적인 소원을 확인하는 것이기에 예배로 모일 때마다, 아무리 힘들어도 예수와 동행하고 싶은 열망을 확인하고 고백하는 것이 무엇보다 소중합니다.

사시라는 장애 때문에 유명한 예술가가 된 것도 아니고, 장애를 이기고자 유명한 예술인이 된 것도 아닙니다. 그림을 그리고 싶다는 열망은 장애도 막을 수 없었을 뿐입니다. 저는 고난 중에 어떤 기도를 드리는 것이 합당한지 잘 모르겠습니다. 고난 중에 있으면서 고난을 어떤 마음으로 대해야 하는지도 혼란스러울 때가 많습니다. 그러나 분명한 것은 가난도, 장애도, 슬픔도 예배를 하고 싶고 하나님을 섬기며 살고 싶다는 열망은 막을 수 없다는 것입니다. 그래서 우리는 또 그렇게 모여 고난과 환난 중에도 예수 그리스도의 주 되심을 고백하며 그분의 임재를 앙망하는 것입니다.

예배
사색

매 주일
예배의 소중함

한 사람이 동생 집에 방문했다가 가져 간 돈을 다 쓰고 현금이 필요했답니다. 그래서 동생에게 50달러를 꾸었습니다. 동생이 괜찮다고 하더라도 빌린 돈을 갚는 것이 당연하다고 생각했지만, 그 역시 한편으로는 형제 사이에 돈을 꾸고, 꾼 돈을 갚는 계산적인 관계가 마땅치 않았습니다. 그래서 그는 집에 돌아와 동생에게 50달러짜리 수표를 보내는 대신 주일마다 5달러씩 돈을 보냈습니다. 오는 한 주도 힘내서 잘 살라는 간단한 메모와 함께 말이지요(보통은 큰돈을 빌려서 푼돈으로 갚는 것은 예의가 아니지요). 그렇게 10주에 걸쳐 돈을 갚았습니다. 이제 다 갚았다고 생각했는데 어느 날 우편함에 동생에게서 온 우편물이 있었습니다. 그 우편물에는 50달러짜리 수표와 함께 "이 돈을 다시 빌려줄 테니 10주 동안 5달러씩 갚아 주세요"라는 메모가 들어 있었습니다. 동생은 매주 형이 보내 주는 격려와 사랑의 메모가 몹시도 좋았던 것입니다.

저는 목회를 하는 동안에도 다른 교회 집회를 인도할 기회가 많은 편이었습니다. 집회에서 하는 설교와 주일 목회 현장에서 하는 설교는 다릅니다. 단순히 청중이 다르고 제 설교의 길이가 다른 것이 아니라 예배에 임하는 사람들의 마음도 다릅니다. 어떤 분은 이 차이를 일반식과 별식의 차이라고 부르기도 합니다(별식이 더 맛있고 특별한 음식이라는 의미라면 그리 마땅치는 않지만). 집회 중에 하는 설교는 제가 여러 차례에 걸쳐 즐겨 한 설교라서 청중의 반응을 어느 정도 기대할 수 있지만, 목회 중에 하는 설교는 즐겨 하는 설교만큼 감동적이거나 익숙하지 않고 반응도 예측하기 어렵습니다. 목회 초창기에는 설교의 성공과 실패를 이런 반응의 차이로 판단하려 한 적도 있고, 교인들이 강사인 제 설교와 담임 목사의 설교를 비교하는 이야기를 들으며 우쭐한 적도 있었습니다. 그러나 목회를 할수록 제법 긴 시간을 목양해야 할 회중의 소중함을 인식하게 되고, 은퇴하고 나니 한 회중에게 정기적으로 설교할 수 있음이 얼마나 큰 특권인지 알게 되었습니다.

오래전에 <브리티시 위클리>(*British Weekly*)라는 잡지 편집자에게 한 독자가 '설교의 무용함'에 관한 글을 기고했습니다.

예배
사색

"나는 30년 동안 교회에 다녔습니다. 그 30년 동안 나는 약 3,000편 정도의 설교를 들었지만 지금 기억나는 설교는 단 한 개도 없습니다. 내 생각에 목사들은 불필요하게 많은 시간을 설교 준비에 사용하고 있는 것 같습니다. 설교 준비에 사용하는 시간을 차라리 다른 곳에 사용하는 것이 낫지 않을까요?"

설교 무용론에 대한 그 글이 실리고 많은 찬반 댓글이 달렸습니다. 그리고 얼마 후에 그 논쟁을 잠재운 한 글이 올라왔습니다.

"나는 아내와 30년 결혼 생활을 했습니다. 결혼 기간에 아내는 저를 위해 약 30,000끼의 식사를 준비했습니다. 30년이 지난 지금 나는 정말 감동적이던 식사는 한 끼도 기억하지 못합니다. 하지만 내가 분명히 믿는 사실은 기억조차 할 수 없을 만큼 당연한 듯이 받은 그 식사들이 나를 견디게 만들어 주는 힘을 공급했다는 것입니다."

저는 한 설교에 목숨을 걸라든지, 마치 오늘이 마지막인 것처럼 설교하라는 말을 청년 시절에 많이 들었습니다. 그만큼 정성과 열심을 다하라는 의미인 것은 알겠는데, 돌아보면 그것은 무리한 요구일 뿐만 아니라 위험한 요구였습니다. 일상에 최선을 다하는 모습은 필요한 양식을 공급하는 일이지 항상 별식을 준비하는 것이 아닙니다.

만나를 경험한 이스라엘 백성은 처음에는 신기했겠지만 그다음에는 '혹시 내일 만나가 내리지 않으면 어쩌지?' 하고 불안하기도 했을 것입니다. 그때 즈음이면 불안함과 번거로움 때문에 하나님이 한 달 치를 한꺼번에 주시면 좋겠다는 생각도 하지 않았을까요? 새벽에 나가 만나를 거두는 것이 일상의 반복이 되었을 때, 더 이상 만나는 감격과 설렘의 대상이 아니었을 것입니다. 하지만 그럼에도 만나는 여전히 하나님이 그들의 일상을 채우시고 그들을 지키시는 하나님의 임재의 현실이었습니다.

가나안에 들어가 그 땅의 소산을 먹은 다음 날, 만나는 더 이상 내리지 않았습니다. 아마도 만나가 멈춘 날 그들이 경험한 충격과 불안은 만나가 내린 날 못지않게 컸을지도 모릅니다. 교인들은 매 주일 같은 목사에게 듣는 설교에 별다른 느낌이 없을지 모르지만 더 이상 그 설교를 들을 수 없게 되었을 때 그것이 양식이었음을 알게 될 것입니다.

오래전 한 미국인 목사와 이야기를 나누는 중에 그 목사는 매 주일 교인들의 출석에 크게 신경을 쓰지 않는다는 말을 들었습니다. 숫자에 자유로운 목회를 한다는 생각에 그가 부러웠습니다. 그런데 이야기를 듣다 보니, 한 가지 알게 된 사실이 있습니다. 그 교회 교인들은 헌금을 지정해서 하는데 매 주일 헌금을 하든, 한 번에 목돈으로 헌금을 하든 지정한 헌금은 꼭 하기 때문에 출석에 별로 신경을 쓰지 않는다는 것이었습니다. 참 마음 아픈 이야

예배
사색

기입니다. 매우 노골적으로 교인들을 물주로 여기고 있다 싶었기 때문입니다. 헌금보다 함께함을 더 중요하게 생각한다면, 매주 설교가 교인들에게 필요한 영양분을 제공하는 양식이라고 생각한다면, 한 번에 보내 주는 50달러짜리 수표보다는 5달러씩 보내 주는 지폐가 더 소중하다고 생각한다면, 매주 듣는 것보다는 가끔씩 듣는 게 더 신선하다는 교인에게 아쉬운 마음을 느끼지 않을 수 없습니다. 숫자에 자유로운 목회란 교인들의 출석과 참여에 무관심한 목회를 의미하는 것이 아니라 수적인 성장과 성공에 궁극적인 목표를 두지 않는 목회를 의미합니다.

우리는 똑같은 형식과 순서의 예배를 지난주에도 했고, 그 전 주에도 했습니다. 아마도 수년을 반복해서 예배하는 분들도 계실 것입니다. 저는 매 주일 예배의 감격이 횡재라도 하듯 큰 액수의 돈을 받는 것과 같지는 않을지라도 매 주일 관계를 확인하고 사랑한다고 고백할 수 있다는 사실에서 그 의미와 가치를 찾고 싶습니다. 한 주 정도 예배를 빠진다고 문제가 생기는 것도 아니고 반복의 지루함이 생동감을 빼앗아 갈 수도 있지만, 하나님은 잔잔하고 소소해 보여도 지속적인 관계의 확인을 기뻐하신다고 저는 확신합니다.

우리는 예배에서 감동을 경험할 수도 있고 경험하지 않을 수도 있습니다. 하지만 오늘 여기에 예배가 있다는 사실은 하나님이 여전히 예배를 통해 우리 가운데 임재하신다는 증거입니다.

매일 새벽에 거둔 만나가 그랬던 것처럼, 일상의 반복이지만 그날의 예배 중에도 하나님은 우리와 함께하신다는 의식적 고백으로 예배에 임할 수 있기를 바랍니다. 지난주처럼, 그 전주처럼 예배 자리에 하나님이 함께하십니다.

설교자는 매 주일 예배하는 회중에게 그 사실을 상기시키는 사람입니다. 목회자의 사명은 평생 잊을 수 없는 한 편의 설교로 사람을 바꾸는 것이 아니라 모일 때마다 그리스도의 복음의 은혜를 기억하게 함으로 일용할 양식을 제공하는 것입니다. 그래서 오늘 설교는 홈런이라느니, 오늘은 병살타를 쳤다느니 하는 말들이 목회하는 사람에게는 별 의미가 없습니다. 모든 음식은 살아내는 데 필요한 양식이기 때문입니다.

히브리서 기자는 우리의 예배가 천국 예배를 미리 맛보는 것이라고 했습니다. 천국 예배에 비하면 맛보기에 지나지 않겠지만 이 땅을 살아가는 동안 우리에게는 맛보기가 우리의 양식입니다. 매주 듣는 설교, 매주 함께 모여 예배하는 공동체, 매주 함께 부르는 찬송은 우리가 인식하는 것보다 훨씬 소중합니다.

예배
사색

함께함은
특권입니다

어느 교회에 아주 큰 소리도 듣지 못
할 만큼 귀가 어두운 할머니가 계셨답니다. 그런데도 그 할머니
는 매 주일 누구보다 먼저 교회에 와서 열심히 설교를 들었습니
다. 할머니가 귀가 많이 어두운 것을 알고 있던 목사가 설교를 알
아듣는지 물었습니다. 할머니는 거의 알아듣지 못한다고 하자 목
사가 물었습니다. "제가 하는 말을 잘 알아듣지도 못하시면서 왜
늘 앞줄에서 그렇게 열심히 설교를 들으시나요?" 그러자 할머니
가 대답했습니다. "목사님 말을 잘 알아듣지 못하지만 이렇게 교
회에 나오니까 좋고요, 주보에 나온 본문 말씀을 읽고 난 후에 설
교하시는 목사님 입술이 움직이는 것을 보고 있으면 하나님에 관

한 달콤한 생각들이 많이 떠올라요. 그리고 하나 더, 저는 혼자 예배하는 것으로 만족할 수가 없어요. 많은 교인이 예배하는 이 자리에 함께하면서 예배하는 것은 제 특권입니다."

이해하는 것이 더 중요한가, 함께하는 것이 더 중요한가는 대단히 중요한 화두입니다. 윌리엄 제임스(William James)가 「하버드 철학 수업」(*Nation Academy of Science*, 나무와열매 역간)이라는 책에서 말한 대로 인류의 역사는 유물론과 유심론, 하나와 다수(one and many), 유명론과 실재론, 이성주의와 경험주의라는 두 극단의 추를 왔다 갔다 해왔으니까 어쩌면 어느 것이 더 중요한가보다는 어떻게 균형을 유지하는가가 더 중요할지도 모릅니다. 지나치게 실용주의적으로 들렸나요?

제가 사역하던 교회에도 평생 교회 생활을 했지만 귀가 어두워서 제 설교의 반도 알아듣지 못하는 어르신들이 계셨습니다. 어김없이 그 자리를 지키시면서 "너무 속삭이듯이 말하지 말아 달라", "말을 너무 빨리 하지 말고 또박또박 말해 달라"고 요청하셨습니다. 노인들의 불만으로 치부할 수 없는, 깨달음에 동참하고 싶다는 열정의 표현입니다. 반면에 아무 말 없이 그냥 예배 자리를 지키고 가시는 분들도 있었습니다. 동참에 더 큰 의미를 두겠다는 마음의 표현입니다. 누가 더 옳다 말할 것은 아니지만 요즘은 윌리엄 제임스가 말하는 시계의 추가 깨달음보다는 동행과 임재 쪽으로 기울고 있다는 생각이 듭니다. 추가 깨달음 쪽으로 기

예배
사색

울 때 발생한 문제들을 경험했기 때문일 겁니다. 좀 더 이야기해 보지요.

최근 한국에 갈 때마다 생소하지만 꽤 신선하고 부러운 경험을 했습니다. 제가 설교하는 집회에 초등학생, 중학생이 제법 참석하는 것입니다. 그 경험이 제게 신기하고 신선한 이유는 이민 교회에서는 보기 힘든 모습이기 때문입니다. 영어가 익숙하지 않은 1세대와 한국어가 익숙하지 않은 2세대는 언어의 한계 때문에 함께 예배하는 것이 쉽지 않습니다. 두 개의 언어를 사용하더라도 통역이나 이중 언어 사용에서 오는 서로가 느끼는 답답함 때문에 함께함은 하나의 행사 이상의 의미는 없었습니다. 그런데 한국 교회 상황에서는 자녀들과 예배하면서 함께함과 배움이라는 두 마리 토끼를 한꺼번에 잡을 수 있으니 얼마나 좋을까 부러워하기도 했습니다. 하지만 한국에서도 배움에 좀 더 집중하자면 자녀들과 함께하는 예배나 모임은 효율성이 떨어진다고 걱정할 것입니다.

제 딸과 사위는 미국 교회를 다니기 때문에 제 손녀는 세 살 때부터 그 교회를 다녔습니다. 저도 몇 번 가 보았는데 그 교회는 (성경 공부는 따로 하지만) 어른과 아이가 함께 예배합니다. 세 살 된 손녀가 그 예배에 참석해서 40분간 설교를 들으면서 무엇을 배울 수 있을까요? 아이는 혼자 그림을 그리기도 하고, 장난감을 가지고 놀기도 합니다. 예배 자리에 아이가 많은데 그렇게 조용히 예배할 수 있다는 것이 신기하고, 매주 불평 없이 부모를 따라와 함께 예배하는 자녀들이 고맙습니다.

"저 아이들이 알아들을까?"라고 묻는다면, 이는 비효율적인 방법임이 틀림없습니다. 하지만 그렇다고 해서 교육적이 아니라고 말할 것은 아닙니다. 교육이 단순히 한 사람의 지식을 다른 사람에게 전달하는 것이 아니라 소통함으로 서로 배우는 것이라면 말입니다. 교육을 단순히 지식 전달이라고만 생각하기 때문에 한국 사회는 지식은 주었지만 공동체는 주지 못했다고 생각합니다.

제 손녀는 그 교회에서 부모가 예배하는 모습을 보고 배웠고, 자기를 찾아와 반갑게 인사하고 손을 내미는 그 교회의 담임 목사와 장로들과 교제했고, 배움은 순간적인 것이 아니라 언제나 과정인 것을 알았습니다. 손녀는 교회를 매우 좋아하고, 교회의 누가 아프다는 이야기를 부모에게 들으면 그를 위해 기도합니다. 그럼 성경은 언제 어떻게 배우느냐고요? 교회에서는 성경 공부 시간에 배우고, 집에서는 부모에게서 배웁니다. 교회에서 성경을 배운 후 집에서 예습하고 복습하는 시간은 대단히 중요합니다.

저는 바른 지식 전달의 중요성을 인정합니다. 하지만 지식을 배운 만큼 인품을 배워야 한다는 말이 진부하게 여겨지던 시계추가 요즘은 다른 방향으로 움직이기 시작했다는 생각이 듭니다. 아는 것보다 중요한 것이 사는 것이고, 잘하는 것보다 중요한 것이 함께하는 것이라는 말이 탄력을 받기 시작하는 조짐이 교회에서 보이니까요. 이는 지식 습득이 인품을 보장하는 것도 아니고

예배
사색

탁월한 교회 학교 교육이 자녀의 신앙을 보장하지는 않는다는 것을 알았기 때문일 것입니다.

사실 생각해 보면 우리 자녀들은 어릴 적부터 부모가 예배하는 모습은 제대로 보지 못하고 예배 잘 하라는 말만 들으면서 자랐다 싶습니다. 부모가 진실하게 찬양하는 모습, 경건하게 대표 기도하는 모습, 주의를 기울여 설교 듣는 모습을 보는 것도 부모의 믿음을 자녀에게 전달하는 좋은 방법입니다. 그렇게 부모와 자녀가 함께 예배함을 강조하다가 또 얼마의 시간이 지나고 나면 지식에 대한 갈증이 시계추를 다른 방향으로 움직이게 하겠지만 지금은 함께함, 동참함의 중요성이 강조되어도 괜찮을 것 같습니다. 그동안 지나치게 한쪽으로만 기울어져 있었으니까요.

저는 언제부터인가 제 설교 시간에 조는 어르신들이 고마워지기 시작했습니다. 매번 그렇게 졸 거면 그냥 집에 있지 교회에는 왜 나오는지 모르겠다고 핀잔을 주는 사람도 있겠지만 저는 그분들이 고맙습니다. 기력도 약하고, 집중력도 떨어지고, 잘 들리지도 않고, 평생 들은 내용이라 그리 새로울 것도 없는 설교여서 들을 때마다 졸음이 몰려오는데, 그럼에도 그 자리를 지키게 만드는 것은 단순히 익숙해진 습관 때문이 아니라 그 중심에 있는 하나님을 향한 열망이고 함께함의 소중함이겠다 싶기 때문입니다. 비장애인들에 비해 인지 능력이 떨어지는 장애인들이 예배에 참석하는 것도 단순히 장애인과 함께 예배한다는 구색을 갖추기 위해서도, 가족의 억지스러운 강요 때문도 아닙니다. 함께함을 소중하게 여기는 공동체의 열망 때문입니다. 그래서 예배에 참석한 한 사람, 한 사람이 다 귀합니다.

노인이든, 어린아이든, 이해가 빠른 사람이든, 이해가 느린 사람이든 무시해도 될 사람은 아무도 없습니다. 함께함은 단순히 의무가 아니라 모두에게 주어진 특권입니다. 공동체는 그 특권을 인정하고 지켜 주어야 할 책임이 있습니다. 안다는 것은 중요하고 공동체에는 알도록 해야 할 책임이 있지만, 그래서 공동체의 일원으로 함께할 수 있는 교인들의 권리를 함부로 다루어서는 안 될 것입니다. 또한 교인들은 잘 알아듣지 못하겠다고, 너무 힘들다고 그 권리를 쉽게 포기해서도 안 될 것입니다.

불편함이
호기심을 이긴다

        아주 오래된 가구와 미술 작품을 전시하는 한 박물관에서 관람객들이 전시물을 만져 문제가 되었습니다. 워낙에 오래된 것들이라 자칫 훼손될 수 있기 때문에 곳곳에 "만지지 마시오"라고 표시판을 붙여 놓았지만, 그 표시판이 오히려 사람들의 호기심을 자극해서 만지는 사람이 줄지 않았습니다. 그런데 한 사람의 기발한 아이디어로 이 문제가 단번에 해결되었습니다. 어떤 아이디어였을까요? 표시판 문구를 바꾼 것입니다. "만진 후에는 반드시 손을 씻어야 합니다." 사람들이 만지고 난 후에 손을 씻지 않으면 찜찜할 텐데 손을 씻는 불편함을 감수할 만큼 만지고 싶지는 않았던 것입니다. 특히 불편함을 참지 못하는 현대인의 경우에는 궁금해서 알고 싶고 하고 싶은 것이 많을지라도 궁금증이 불편함을 이기기가 쉽지 않습니다.

사람들은 성경을 좀 더 알고 싶다고 말합니다. 열심히 기도해 보고 싶다고 말하기도 합니다. 마음에 감동을 주는 찬송을 배우고 싶다고 말하기도 합니다. 사실은 제가 그렇습니다. 하고 싶은 게 참 많습니다. 그런데 원하는 대로 한 적은 없습니다. 제 경우는 무엇보다 귀찮아서입니다. 운동을 하려면 밖으로 나가야 하고, 책을 읽으려면 조용한 곳을 찾아가야 하는데, 어제까지 하겠다고 다짐했어도 막상 오늘이 되면 책은 읽고 싶은데 나가기가 싫습니다. 사람들에게 연락해서 함께 점심을 먹는 것은 문제되지 않는데 귀찮습니다.

옛날에는 이것을 '게으름'이라고 죄악시했습니다. 하지만 현대인은 게으름보다 큰 죄가 '남을 불편하게 하는 것'이라고 생각합니다. 그래서 게으름이라는 죄의식을 통해 동기를 부여하기보다는 편리함을 제공해 주는 것이 더 바람직하다고 할 만큼 불편함을 줄여 주어야 사람들은 움직입니다. 현대인의 이런 심리를 잘 안다면 교회도 자꾸 참으라고 말할 것이 아니라 할 수 있는 만큼 교인들을 편리하게 해주도록 최선을 다해야 합니다. 주차에 불편함이 없어야 하고, 좌석이 편해야 하고, 설교나 기도가 짧아야 합니다. 그래도 불편해하는 사람들을 위해서는 집에서 나오지 않고도 예배할 수 있는 환경을 만들어 주어야 합니다. 어쩔 수 없는 상

예배
사색

황에 있는 사람들을 위한 배려가 아니라 편리를 추구하는 사람들의 입맛을 맞추는 장치들로 교회는 많이 분주해졌습니다.

하지만 저는 여기에 문제가 있다고 생각합니다. 그리스도인들의 예배는 편리함을 추구하는 소비적 행위가 아닙니다. 오히려 반대입니다. 자신의 주인 됨을 부인하고 하나님의 주 되심 앞에 감사와 섬김을 고백하는 희생과 헌신의 행위가 예배입니다. 물론 그래서 마치 고행이 최고 경건의 모습인 양 일부러 불편함을 추구해야 하는 것은 아니지만, 편리함에 그 이상의 가치를 부여하지는 않습니다. 때로는 편리함이 예배를 방해할 수 있음을 인정하고, (죄성에서 비롯된 것으로 보이는) 편안과 편리를 추구하는 본성에 대한 저항이 예배에 있어야 합니다.

예배하는 사람들처럼 목회자 역시 무시할 수 없는 큰 유혹은 소비 지향성에 매우 쉽게 순응하려는 성향입니다. 예배 중에 앉고 서기를 반복해야 하고, 제법 긴 시간 서서 찬양해야 하고, 사실 잘 알지도 못하는 고난 중에 있는 교인들을 위해 목회 기도를 함께해야 하고, 신약과 구약에서 짧지 않은 구절들을 예배 중에 봉독해야 하는 것이 회중에게 불편함을 초래한다 싶으면 마음에 걸립니다. 예배 인도자로서 목사는 회중 기도도 간결하게 해야 하고, 가능하면 본문도 짧게 잡아야 합니다. 예배 흐름이 끊기지 않도록 어색한 부분은 과감히 제거해야 합니다.

마음이 분산되지 않고 불필요한 형식에 매이지 않으며 본질에 충실하도록 하기 위한 이유에서라면 충분히 공감합니다. 그런데 예배를 인도하거나 기획하면서 제 마음에 있던 가장 큰 부담은 회중의 불편함이었습니다. 성경을 읽는 것이 필요하다는 것을 인정하면서도 회중이 불편해할까 봐 교독문을 없앴습니다(단순히 성경 교독이 형식적인 예배 순서가 된 것에 대한 안타까움이었다면 다른 방법을 찾아보았을 텐데 말입니다). 성경을 읽을 때는 일어서면 좋겠다는 마음이 들어도 일어섰다 앉았다를 반복하는 것이 자연스럽지 않다거나 불편하겠다 싶으면 하지 않았습니다. 교인들을 위한 참회와 간구의 기도에 제법 긴 시간을 할애하고 싶었는데 지루해할 일부 회중을 생각하니 그와 같은 기도의 필요성으로 교인들을 설득하려 하기보다는 (새로 오는 교인들에게 늘 그 필요성을 말하는 것이 가능하지 않다는 변명으로) 어쩔 수 없이 짧게 하거나 생략하는 것이 낫겠다 싶었습니다. 예배를 진행하고 순서를 결정하는 데 가장 중요한 요소는 교인들의 불편함이었으니까요.

제가 학생 때 다닌 교회는 개척 교회였는데 양철로 된 가건물에서 예배를 했습니다. 여름에는 덥고 겨울에는 추웠습니다. 당시 저는 그 교회 학생회장이었는데 학생부 담당 선생님이 특별한 분이었습니다. 예배 중에는 여름에도 선풍기를 틀지 못하게 했고 항상 무릎을 꿇고 앉게 했습니다. 예배에 집중하도록 하기 위한 의도였는지, 아니면 고행적 경건의 중요성을 가르치기 위한 것이었는지는 잘 모르겠지만 그 불편함은 오히려 예배를 방해했습니다.

예배
사색

저는 불편함을 추구함이 경건이라고 생각하지 않습니다. 하지만 편리함에 우선적인 가치를 부여해서도 안 된다고 생각합니다. "요즘 교인들은 설교가 길면 싫어해요." "장로님들 기도가 3분이 넘어가면 교인들이 짜증내요." "성경 본문이 길면 교인들이 지루해합니다." "찬송가가 아니면 교인들이 안 불러요." 이런 말들이 배려로 들리기보다 왠지 편리함에 최고의 가치를 부여하는 것으로 들리고 회중이 예배 주체가 된 것처럼 들리는 것은 제 보수적 성향이나 무정함 때문일까요?

저는 균형이 중요하다고 생각합니다. 그런데 현대 사회가 지나치게 편리함을 추구하고 있다면 아마도 의도적으로라도 불편함을 택하는 것이 예배에서 보일 수 있는 자기 부인이 아닐까 싶습니다. 그래서 조금 과격하다 싶지만 이렇게 말하고 싶습니다. "오늘 예배가 육체적으로든 영적으로든 전혀 불편하지 않았다면 다시 한 번 생각해 보세요." J. D. 그리어(Greear)가 「하나님을 하나님 되게」(*Not Good Enough*, 두란노 역간)라는 책에서 소개한 팀 켈러의 말을 인용하고 싶습니다. "하나님 말씀 중 듣기 싫은 말씀을 믿을 수 있는 사람만이 꼭 듣고 싶은 부분을 믿을 수 있다."

불편함을 감수할 수 있는 사람만이 예배를 예배 되게 할 수 있습니다. (오래된 가구를 만지는 일은 그 자체가 마땅한 일이 아니지만) 만지고 난 후 손을 씻어야 한다면 손을 씻을 각오를 하는 사람만이 원함을 채울 수 있습니다. 내가 중심이 아니라 하나님이 중심이라면 "불편함에 제 마음이 무너지지 않게 하소서"라는 기도가 예배하는 우리에게 정말 필요한 기도겠다 싶습니다. 일부러 불편을 추구할 필요는 없겠지만 불편함에 쉽게 원망하기보다는 불편함 중에도 거기에 존재하는 의미를 더 많이 생각할 수 있으면 좋겠습니다. 하나님을 예배하기 위해 모인 예배자들은 공연장에 모인 관객이 아니니까요.

은혜를
기대하는 마음

은퇴한 감리교 목사인 로웰 오그덴 (Lowell Ogden)이 한 설교에서 나눈 예화에 따르면 1900년대 미국에서는 순회 서커스가 유행이었답니다. 서커스를 한 번도 본 적 없는 한 소년이 주말에 서커스단이 마을에 들어온다는 소식을 듣고는 몹시 가 보고 싶었습니다. 일을 제시간에 맞출 수 있으면 가도 좋다는 아버지의 허락을 받고 소년은 열심히 일한 후에 입장료 1달러를 받아 서커스가 열리는 장소로 달려갔습니다. 드디어 서커스단이 도착해서 많은 사람이 모여 있는 곳으로 퍼레이드를 시작했습니다. 밴드가 북을 치고 나팔을 불며 지나가고, 코끼리와 원숭이가 있는 우리도 지나갔습니다. 소년은 그들을 보는 것이 매우 신기했습니다. 맨 마지막으로 우스꽝스러운 옷을 입고 치장을 한 광대가 지나갈 때 소년은 매우 즐거운 마음으로 1달러짜리 지폐를 그 광대에게 주고 자리를 떠났습니다. 소년은 퍼레이드가 서커스인 줄 알고 퍼레이드가 끝나자 서커스가 끝난 줄 알았던 것입니다.

저는 목회를 그만두고 켄터키에 살면서 설교가 없는 주일에는 주변에 있는 미국 교회의 예배에 참석합니다. 수만 명이 모이는 큰 교회도 있고, 신학교 교수가 목회한다는 교회도 있고, 급격하게 성장하고 있는 교회도 있고, 같은 교단에 속한 작은 교회도 있습니다. 음악과 설교가 탁월한 교회도 있고, 깔끔한 예배 순서와 분위기가 마음에 드는 교회도 있습니다. 물론 모든 게 엉성하고 답답한 교회도 있습니다. 그런데 예배를 마치고 나오는 제 마음은 마치 서커스를 안 보고 퍼레이드만 본 기분이었습니다. 어느 교회를 가든 마찬가지였습니다. 아내가 저와 함께 예배하러 가는 것을 부담스러워할 만큼 제게는 만족이 없었고, 그 불만은 예배하는 제 모습에 고스란히 나타났습니다. 딱히 눈에 거슬리는 게 있는 것도 아니었고, 그렇다고 불만이 많은 것도 아니었지만 전혀 의욕적이지 않은 제 모습이 아내는 불편했나 봅니다.

아무리 탁월한 설교, 아무리 훌륭한 음악이 있어도 제가 예배 언저리에 있는 듯 느낀 원인은 제 태도에 있었습니다. 저는 예배를 구경하는 마음으로 그 자리에 있던 것입니다. 예배하는 내내

예배
사색

"저런 것은 참 좋다", "저런 것은 별로네", "내가 다시 목회를 한다면 저렇게 하면 좋겠군" 하는 마음이 생기는 것이 잘못되었다고 말할 것은 아니겠지만 예배하는 태도로는 마땅하지 않습니다. 제가 좋았다고 말하는 것도 구경꾼 입장에서 좋았다는 의미일 뿐, 예배에 들어가 하나님의 임재를 누리지는 못한 것입니다. 좋은 것은 좋은 것대로 가치가 있겠지만 소중한 것을 놓치고 있는 것입니다.

후식을 좋아하던 한 노인이 죽으면서 장례식 때 자신의 손에 포크를 쥐게 해달라고 목사에게 부탁했습니다. 그리고 그 옆에 "아직 최고의 것이 남아 있습니다"라고 써 놓도록 했습니다. 이 세상에서의 삶도 좋았지만 아직 더 좋은 것이 남아 있다는 말입니다. 수준 높은 찬양, 통찰 있는 설교도 좋지만, 그것을 통해 느끼는 하나님의 사랑과 임재가 진짜입니다.

저 역시 예배를 인도하면서 교인들에게 예배로 들어오라고 수없이 말하고, 예배의 진정한 맛을 경험하지 못한 채 예배 언저리에만 있다 가는 교인을 몹시 안타까워했지만, 사실 하나님의 임재로 인한 은혜를 사모하고 기대하는 마음으로 그 자리에 있지 않다면 어쩔 수 없이 구경꾼의 자세로 예배를 구경하게 됩니다. 어떤 모양으로든 제가 관여하지 않는 모든 예배는 제게 관찰 대상이었을 뿐입니다.

니콜라 테슬라(Nikola Tesla)는 교류라는 전기 공급 방식을 주장한 유명한 전기학자이자 기술자였습니다. 많은 사람이 전기에 있어서는 그를 천재적인 과학자요 발명가라고 생각합니다. 어디서 읽었는지 기억이 나지는 않지만 필립 얀시(Philip Yancey)가 한번은 그의 이야기를 소개한 적이 있습니다. 테슬라는 어쩌면 누구보다 전기에 관해 잘 아는 사람이었을 텐데도 바람이 불고 번개가 치는 날이면 창가 의자에 앉아 밖을 내다보며 번개가 칠 때마다 손뼉을 치며 환호했답니다. 어떻게 번개가 일어나는지를 알고 있는 그는 알고 있었기 때문에 시시하게 여긴 것이 아니라 '알고 있었기 때문에' 경이롭게 여긴 것입니다. 진정으로 전기를 사랑하고 자기가 연구하는 일에 애착을 가진 사람임이 틀림없습니다. 어설프게 알거나 단순한 직업 정도로 여겼다면 알기 때문에 감동하는 일은 없었을지 모릅니다.

30년 동안 예배를 인도하며 설교를 전했다면 저는 이 분야에서는 전문가라 해도 틀리지 않습니다. 예배를 하나의 전문 기술로 여겼는지, 아니면 하나님의 임재를 경험하는 행위로 여겼는지는 예배를 인도하지 않고 예배에 참석하는 요즘 제 모습을 보면 알 수 있을 것 같습니다. 어느 교회를 가든 예배에 참석할 때마다 하나님의 은혜에 대한 기대를 가지고 하나님의 임재로 들어간다면, 스파크가 적은 번개에도 손뼉을 치며 환호한 테슬라처럼 겸손과 감사로 예배할 수 있지 않았을까요? 물론 처음 접하는 예배에서 객관적으로 판단할 수밖에 없는 이성적 활동을 제한해야 하는 것도 아니고, 어떤 회중과 예배하든 자유롭게 표현하고 행동할 수 있다는 자기중심성을 합리화하는 것도 아닙니다. 그러나 어떤 경우에도 예배에 임할 때는 구경꾼이 아닌 예배자로서의 태도가 필요하고, 예배를 하고 있다는 의식이 필요합니다. 그렇게 오래 예배를 인도했음에도 요즘 제 예배 태도에는 이런 의식이 없습니다.

목회를 하지 않으니 제가 예배를 인도할 때 보이던 일부 회중의 태도가 이해됩니다. 그리 깊이 관여되지 않은 공동체에서 아무 순서도 맡지 않은 채 구경꾼이 아닌 예배자로 예배에 임하는 것은 말처럼 쉬운 일이 아님을 경험하기 때문입니다.

요즘은 예배가 몹시 그립습니다. 무릎을 꿇고 가슴 뜨겁게 기도하고 싶고, 손을 들고 목청을 다해 찬양하던 순간들이 그립습니다. 함께 예배하던 사람들과 한마음이 되어 하나님의 임재를 나누며 더 큰 은혜를 사모하고 기대하던 공동체가 그립습니다. 그래서 다시 한 번 다짐합니다. 비록 내가 속한 공동체가 아니더라도 예수 그리스도의 몸으로 그리스도를 주라 고백하는 모든 예배에서 은혜를 사모하는 열린 마음으로 예배에 동참하겠다고 말입니다.

그동안 예배에 임하는 자세가 흐트러진 분들이 계실 것입니다. 지나치게 일상적인 것이 되어서 감동이 없고, 예배 중 마땅치 않은 부분이 있어서 마음을 열지 못한 분도 계실 겁니다. 어쩔 수 없이 구경꾼이 될 수밖에 없는 유혹을 물리치고, 적은 스파크에도 손뼉을 치며 환호하는 예배자의 열정을 잃어버리지 않기를 기도합니다. 알기 때문에 감동이 없는 것이 아니라 알기 때문에 더욱 경이로운 그 은혜를 놓치지 않기를 기도합니다.

서커스에는 들어가 보지도 못하고 퍼레이드만 보고 돌아가는 허전함을 인정하면서도 그냥 '오늘도 예배했다'는 의무 이행으로 주일을 보내기에는 무척 아쉽습니다. 설교를 듣고 만족하는 것, 찬양을 듣고 좋아하는 것으로 그친다면 퍼레이드를 보고 서커스를 보았다고 생각하는 것과 크게 다르지 않습니다. 예배에는 눈에 보이는 것보다 더 좋은 것이 있습니다. 그 은혜를 사모하는 마음으로 한 순서, 한 순서를 누리시기 바랍니다. 예배에는 찬양만 있는 것이 아니라 그 찬양의 대상이신 예수 그리스도도 함께 계시기 때문입니다.

예배
사색

다다이즘

어떤 사람이 아주 친한 사람에게 장미로 장식된 예쁜 십자가를 선물로 받았습니다. 그 십자가 밑부분에는 "소망은 먼지를 일으키지 않는다"라는 글이 적혀 있었습니다. 선물을 받은 사람은 이 말의 의미가 무엇일까 곰곰이 생각해 보았습니다. '굉장히 멋있는 말 같은데, 무슨 의미일까? 십자가 밑부분에 적혀 있으니 십자가와 상관있는 말일까?' 의미를 알 것 같으면서도 애매해서 인터넷에 검색해 보았습니다. 그 문장은 프랑스 시인 폴 엘뤼아르(Paul Eluard)가 다다이즘(dadaism)이라는 철학적 견해에서 한 말이었습니다. 다다이즘은 난해한 표현을 사용해서 현존하는 모든 미적, 사회적 가치를 부인하는 20세기 초반에

유행한 아방가르드(avant-garde) 운동입니다. 소망이라는 말이 들어갔기 때문에 뭔가 심오하게 들리지만 사실은 아무런 의미가 없습니다.

자본주의 사회에서는 물질에 의해 원래 가치가 상실되었기 때문에 우리가 사용하는 모든 그럴듯한 단어가 사실은 아무 의미 없음을 다다이즘은 풍자적으로 표현합니다. 다다이즘의 표현 중에는 다음과 같은 것들도 있습니다. "코끼리들은 전염성이 강하다", "지구는 거무스름한 오렌지색이다." 넌센스이기 때문에 이런 표현들의 의미를 찾아보려고 하는 것은 정말 의미 없는 일입니다. 아니면 원래 의미는 없기 때문에 각자가 느끼는 대로 생각하면 그게 곧 의미가 됩니다.

한 사물의 의미와 가치는 한 사회 혹은 한 공동체에 함께 있는 사람들이 공유함으로 주어집니다. 공동체에 있는 사람들이 각기 다르게 생각한다면 원래 의미가 왜곡되어서 더는 의미가 없다고 말할 수도 있고, 공동체 안에 있는 사람들 각자가 생각하는 것이 곧 의미가 된다고 말할 수도 있습니다. 세상에서는 예수의 십자가 사건을 정치적 사건으로 볼 수도 있지만, 적어도 그리스도의 대속의 죽음과 그분을 통한 생명을 말하는 공동체에서 십자가 사건은 단순한 정치적 사건이 아닙니다. 세상에서 얼마나 많은 사람이 얼마나 다양한 이야기를 하든 적어도 동일한 고백을 하는 교회 공동체 안에서는 그 가치가 퇴색될 수 없습니다.

예배
사색

저는 예배를 하면서 가끔은 '우리 공동체가 같은 생각을 하고 있을까', '사용하는 단어들을 같은 의미로 이해하고 있을까' 고민합니다. 매주 사도신경으로 우리의 믿음을 고백하고, 이 공동체가 바로 그 믿음의 고백을 근거로 모인 공동체임을 확인하지만, 혹시 각자 자기 생각대로 의미를 부여하는, 그래서 별 의미 없는 형식이 되어 버린 다다이즘적인 고백은 아닐까 걱정하기도 합니다. 그래서 예배를 인도하면서 거의 매 주일 사도신경은 기도가 아닌 공동체의 고백이기 때문에 눈을 감지 말고 의미를 되새기며 차근차근 읽거나 교인들이 서로 마주보며 고백할 것을 권했습니다. 하지만 오랜 습관은 신앙 고백을 기도로 여기는 틀을 벗어나지 못하게 합니다. 교인들이 마주보면서 교독하듯이 신앙 고백을 나누어도 좋을 것 같습니다. 제가 그렇게 생각한 이유는 공동체를 공동체 되게 만들고 예배를 가능하게 만드는 것은 바로 공유하는 고백이고, 이 고백이 찬양과 기도를 의미 있게 만들고 전해진 말씀에 반응할 수 있게 만든다고 믿기 때문입니다. 그렇기에 예배에서 공동체가 함께하는 신앙 고백은 대단히 의미 있는 시간이라고 생각합니다.

예배를 인도하면서 마음 아픈 점은 단순히 많은 회중이 뜨겁게 반응하지 않았다는 것이 아니라 예배 중 사용하는 용어들에 의미를 부여하지 않은 채 감정적으로만 반응하려는 것이었습니다. 감정적인 반응이 문제될 것은 없겠지만(아니, 사실은 절대적으로 필요하다고 저는 확신합니다), 공동체가 고백의 의미를 공유하지 못한다면 공예배가 과연 어떤 의미가 있을까 싶습니다. 포스트모던의 위험은 하나님을 믿지 않는다는 것이 아니라 누구나 하나님이 될 수 있다는 데 있습니다. 그래서 포스트모던의 특징을 어떤 분은 "우리는 아버지는 없고 형제만 많다"고 말하기도 했습니다. 어떤 고백을 공유하는가보다 각자에게 어떤 의미로 다가오는가를 더 중요하게 생각한다면 함께 모여 예배하는 것은 분위기를 고양시키는 것 말고 별 다른 의미가 없어 보입니다.

표현은 현란한 데 별 의미는 없습니다. 왠지 심오하고 깊어 보이지만 사실은 굉장히 애매합니다. 같은 말을 수없이 반복하지만 마음이 담기지 않습니다. 마음을 열도록 하기 위함이라고 하지만 결국 감정의 고조를 의미할 뿐입니다. 신앙을 고백하지만 보수 정통이라는 상징적 표현일 뿐, 공동체적 아멘이 없습니다. 하나님은 전지전능하시고, 무소부재하시고, 거룩하시고, 선하시다고 말하는데, 그 말 앞에 가슴이 먹먹해진 적은 단 한 번도 없습니다. 마음에 와닿지도 않는, 뜻도 모를 그런 표현으로 기도하지는 않으면 좋겠다는 마음만 들 뿐입니다.

저는 고등학생 때 처음 교회를 나갔는데 그때 가장 좋아해서 자주 부른 찬송이 <부름받아 나선 이 몸>(새찬송가 323장)이었습니다. 그때부터 벌써 하나님이 목사로 부르실 것을 알았던 것일까요? 성령의 역사였을까요? 그럴 수도 있을지 모르지만 분명한 것

예배
사색

은 적어도 제 의식에서는 그 가사에 아무런 의미도 없었다는 것입니다. 멜로디가 힘이 있어서 학생들이 부르기 좋았을 뿐입니다. 각자 어떤 의미를 부여하든 그저 좋으면 되는 걸까요?

저는 예배에서 공동체의 신앙 고백을 중요하게 여겼습니다. 예배를 시작하면서도 해보고, 예배를 마치고 세상으로 나가면서도 해보고, 서로 마주보고도 해보고, 한 사람이 하는 것을 온 회중이 바라보고 "아멘" 하도록 해보기도 하고, 음을 붙여서 노래로 해보기도 했습니다. 하지만 고백 공동체임에도 거의 모든 경우에 고백은 형식이었고, 여전히 보수적인 교회라는 공적 표식일 뿐이었습니다.

"전능하사 천지를 만드신 성부 하나님을 믿습니다. 하나님의 아들로 이 땅에 오셔서 비천과 승귀의 길을 가심으로 우리의 고난에 동참하시고 우리의 고난과 죽음의 문제를 해결하신 성자 하나님을 믿습니다. 공동체를 통해서 이 믿음을 지켜 가게 하시고 기어코 구원을 완성하심으로 영원한 생명에 들어가게 하실 성령 하나님을 믿습니다."

이 고백은 이와 같은 삼위일체의 하나님을 향한 고백이 공동체로 모인 이유이고, 공적인 예배를 하는 이유입니다. 그런데 이 고백이 마치 다다이즘의 표현처럼 의미 없어지거나 애매해지고 가치가 왜곡된다면 아무리 많은 사람이 모여 아무리 뜨겁게 찬양한다 해도 진정한 의미에서 예배일 수 없습니다.

이 시대는 공동체적 고백의 회복이 무엇보다 중요한 시대라고 생각합니다. 진리의 절대성을 부인하는 탈진실의 시대, 모든 것을 상대화시켜 개인화가 극에 달한 이 시대에 적어도 교회로 모인 공동체에서는 자신들이 무엇을 믿고 있는지가 애매하거나 추상적이지 않아야 한다고 생각합니다. 예배를 인도하는 사람은 함께 모인 사람들이 바로 그러한 고백 공동체임을 잊지 않아야 할 것입니다 "하나님의 아들 예수 그리스도께서 동정녀의 몸에서 태어나시고 빌라도에게 고난을 받으셨습니다", "하나님의 아들이 죽은 자 가운데 내려 가셨습니다"(He descended into Hades. 한글 사도신경에는 빠져 있습니다)라는 말은 "코끼리는 전염성이 강하다", "지구는 거무스름한 오렌지 색깔이다"라는 표현처럼 각자 느끼는 대로 의미를 부여할 수 있는 애매한 말이 아닙니다. 마음을 담지 않은 채 형식에 의한 습관적인 표현은 자칫 다다이즘과 비슷해 보일 수 있습니다.

예배
사색

"주님,
감사합니다"

1994년 미국의 국가 조찬 기도회 때, 테레사(Teresa) 수녀가 자신의 경험담을 나누었습니다.

"어느 날 저녁, 우리는 밖에 나갔다가 길거리에 쓰러져 있는 네 사람을 발견하고 수녀원으로 데리고 왔습니다. 그중 한 여인은 아주 위독한 상태였습니다. 다른 세 사람을 돌봐 달라고 수녀님들에게 부탁하고 나는 상태가 위독한 여인을 돌보았습니다. 그 여인을 침대에 눕히고 내가 할 수 있는 최선을 다해 간호했습니다. 하지만 여인은 버티지 못했습니다. 그는 마지막 숨을 거두며 내 손을 꼭 잡고 아름다운 미소를 지으며 단 한 마디를 했습니다. '고맙습니다.' 나는

나 자신에게 물었습니다. '내가 그 상황이라면 어떤 말을 했을까?' 아마도 나에게 관심을 가져 달라고 말했을 겁니다. '배가 고픕니다. 너무 아픕니다. 내가 죽어 갑니다. 날 좀 살려 주세요⋯⋯.' 그런데 그 여인은 그렇게 죽을 만큼 아픈 중에도 자신을 돌보는 다른 사람을 생각했습니다. 그리고 감사했습니다."

예배의 의미와 목적은 다양합니다. 예배는 회복이라고 생각할 수도 있고, 예배는 헌신이라고 생각할 수도 있습니다. 예배는 하나님의 임재를 경험하는 것, 하나님을 영화롭게 하는 것이 될 수도 있습니다. 어느 하나를 예배라고 규정하기란 쉽지 않아서 이를 놓고 논쟁을 벌이는 것은 마땅하지 않습니다. 또한 그렇게 스스로 규정한 예배의 의미에 따라 기대하는 것이 달라지기 때문에 자기가 원하고 기대한 것이 충족되지 않을 때의 실망으로 마음이 상하기도 합니다. 예배의 목적이 헌신이라고 생각하는 사람은 항상 위로만 강조하는 예배가 못마땅할 수 있고, 예배의 목적이 하나님의 임재를 경험하는 것이라고 생각하는 사람은 지나치게 의례적이고 교훈적인 예배가 마음에 들지 않을 수 있습니다.

저도 설교를 하면서 설교의 목적이 무엇일까 고민한 적이 있습니다. 목회 초기에는 설교의 목적이 '가르침'이라고 생각한 적이 있습니다. 설교의 목적이 가르치는 것이라면 그건 그리 어렵지 않습니다. 결국 제가 하기 나름이니까 열심히 준비하고 성실하게

예배
사색

가르치면 됩니다. 그런데 설교의 목적이 가르침이라는 데 답답함을 느끼기 시작했습니다. 아무리 가르쳐도 사람들이 변하지 않았기 때문입니다. 배움은 있는데 변화는 없었습니다. '변하지 않는다면 가르치는 게 무슨 의미가 있을까?' 고민이 되었습니다.

그래서 설교의 목적은 '변화'라고 생각했습니다. 설교의 목적이 가르침이라고 생각할 때는 재미있게 했는데 설교의 목적이 변화라고 생각하니까 절망감을 느끼기 시작했습니다. 아무리 열심히 전해도 사람들이 변하는 것 같지 않았기 때문입니다. '사람들이 변하지 않는다면 내가 과연 설교자로 부름받았다는 것을 어떻게 확신할 수 있을까?' 제 소명에 의심이 생기기 시작했습니다.

제법 긴 세월이 지나고 나서 저는 설교의 목적은 '기억나게 함'(reminding)이라고 이해했습니다. 회심과 변화가 성령께서 하시는 일이라면 제 책임은 하나님의 말씀을 기억나게 함입니다. 저는 지금도 하나님의 사람들이 다시 은혜를 생각하게 하고 예수 그리스도를 바라볼 수 있도록 주님을 다시 생각하게 하는 것이 설교의 목적이라고 믿습니다. 회심과 변화는 제 설교를 통해서든 아니면 찬양을 통해서든 성령께서 하시는 일입니다.

이 깨달음은 예배에 대한 인식도 바꾸어 주었습니다. 우리가 은혜받는다는 말을 자주 사용하지만 엄밀히 그 말의 의미는 '받은 은혜를 기억나게 함'입니다. 단순한 감동이나 좋은 느낌, 혹은 스스로의 만족감이 아니라 예수 그리스도를 통해 우리에게 임한 복음의 능력을 다시 기억하고 의지하는 것이 은혜입니다. 예배는 새로운 것을 배우고 깨닫도록 하는 것이 아니라, 알고 있던 것들을 성령의 도우심으로 새롭게 경험되도록 하는 것입니다. 우리가 부를 새 노래는 전에는 한 번도 불러 보지 못한 새로운 가사와 곡이 아니라 몇 번을 반복해서 부른 노래일지라도 하나님의 사랑의 임재가 절절이 느껴져서 새로운 마음으로 부를 수 있는 노래입니다. 물론 그래서 우리의 느낌이 무엇보다 중요하다는 말은 아닙니다. 그런 감동이 없어도 사람들은 얼마든지 진실한 고백을 할 수 있으니까요. 감동이 고백을 확신하도록 만들 수는 있지만 감동이 고백을 대신할 수는 없습니다.

우리는 예배에 임하면서 기도하고, 찬송하고, 설교를 들으며 은혜를 달라고 합니다. 그런데 그 은혜가 우리의 원함을 채우는 의미이거나 만족된 느낌을 의미하는 것은 아닌지 모르겠습니다. 간절히 은혜를 사모하지만 그 은혜를 사모함에서도 나르시시즘에 빠진 자신의 모습이 드러나기도 합니다. 은혜받았다고 좋아하는 모습에 십자가와 부활의 능력은 흔적도 없습니다. 은혜를 받으라는 설교에도 그리스도의 주 되심에 대한 선포가 없습니다.

어느 목사님이 설교를 마치고 교인들과 인사하는데 한 교인이 나오면서 목사님에게 이렇게 말했답니다. "목사님, 오늘 설교에서 은혜받았습니다. 감사합니다." 그 말에 목사님이 "모든 영광은 하나님께! 감사는 하나님에게 하십시오!"라고 대답했습니다. 그

예배
사색

러자 교인이 말했답니다. "하나님께 감사할 만큼 그렇게 좋지는 않았습니다." 설교가 은혜로웠는데 하나님에게 감사할 만큼 좋지는 않았다는 말은 모순입니다. 예배 중에 은혜를 받아서 무척 좋았는데 예배가 끝나고 세상으로 갈 생각을 하니까 짜증과 원망이 살아났다는 말은 모순입니다. 그런데 이 모순이 현실입니다. 은혜 받아서 감사하다는 말은 마음에 위로가 되어 기분이 좋았다는 의미일 뿐입니다. 이런 은혜는 노래방에서 구성진 트로트를 부르면서도 받을 수 있습니다.

성공적인 예배 끝에 우리가 할 수 있는 말은 무엇일까요? 저는 "감사합니다!"라고 생각합니다. 숨 막히는 현실에서 지친 모습으로 예배 자리를 찾아 나온 그리스도인들이 하나님에게 도우심을 구하고 하나님의 임재를 사모합니다. 그리고 그 자리에서 하나님의 사랑을 다시 확인한다면 우리가 할 수 있는 마지막 말은 "오늘 좋았습니다"보다는 "감사합니다!"일 것 같습니다. "하나님이 내 하나님이라서 고맙습니다. 나를 위해 십자가의 길을 가 주셔서 고맙습니다. 나 같은 죄인을 자녀 삼아 주시니 감사합니다." 그렇습니다. 대부분의 사람에게 예배는 처음부터 이 은혜를 구하는 자리가 아니라 이 은혜에 반응하는 자리인 것입니다. 매우 거칠고 버거운 삶에서 놓치기도 하고 흐려지기도 했지만 예배란 은혜를 구하는 자리가 아니라 은혜에 감사해서 감사함으로 하나님에게 예배하는 자리입니다.

한 주간의 삶을 보면 감사할 일이 별로 없습니다. 그런데 주님을 보면 다릅니다. 몹시 아파서 죽어 가는 여인이 자기 처지를 생각하면 살려 달라는 말을 해야 할 것 같고, 왜 나만 이렇게 힘들게 살다 죽어 가야 하느냐고 말해야 할 것 같은데 테레사 수녀가 자기에게 건네는 따뜻한 미소와 도움의 손길을 생각하면서 "고맙습니다"라고 한 말은 가장 진실한 말입니다.

성공적인 예배의 끝말은 "주님, 감사합니다!"인 것이 맞습니다. 예배란 은혜를 인정하고 경험한 하나님의 자녀들이 그 은혜를 붙들고 감사하는 것이기 때문입니다. 또한 그래서 예배에서는 언제나 예수 그리스도의 십자가의 사랑과 부활의 능력이 선포되어야 하는 것입니다. 십자가와 부활 없이 은혜받았다는 말은 이런저런 모양으로 표출된 자기애에 지나지 않을지 모릅니다. "감사합니다"라는 예배의 끝말에서 위로와 용기가 생기고 한 주간을 살아야 할 이유를 찾습니다.

"예수님,
생일을 축하해요!"

필립 얀시가 16세기 예수회 소속 선교사인 마태오 리치(Matteo Ricci)의 이야기를 「내가 알지 못했던 예수」(*The Jesus I never Knew*, IVP 역간)라는 자신의 책에서 소개한 적이 있습니다. 마태오는 중국에 가면서 예수에 관해 한 번도 들어 본 적 없는 사람들에게 어떻게 예수의 생애를 소개할 수 있을지 고민하다가 그림을 몇 장 가져가기로 했습니다. 중국에 도착해서 복음을 전하면서 마태오는 처음에 마리아가 아기 예수를 안고 있는 그림을 보여 주며 예수의 탄생에 관해 이야기했습니다. 그곳에 있던 사람들은 그 그림의 평화로움에 만족해하면서 좋아했습니다. 그 다음에는 이 아이가 자라서 다른 사람을 대신하여 하나님의 벌을 받게 되었다고 설명하면서 예수께서 십자가에 달린 그림을 보여 주었습니다. 그러자 사람들이 인상을 쓰면서 너무 끔찍하다고, 그런 그림은 보기 싫다고 치우라고 했습니다. 아기 예수의 그림은 좋아했지만 십자가의 예수는 좋아하지 않았습니다. 그들은 평화로운(peaceful) 모습은 원해도 평화를 이루시는(peacemaking) 모습은 원하지 않은 것입니다.

어느 교회에 갔다가 성탄절에 "생일 축하합니다"라는 노래를 부르는 모습을 보았습니다. 예수의 탄생을 축하하고 축복하는 것입니다. 예수의 생애는 이 땅에 오신 때부터 십자가에서 죽으실 때까지 축하받으실 만한 일은 아니었습니다. 단지 그 생애가 고난의 생애였기 때문만은 아닙니다. 고난뿐인 인생이라고 해서 축하받을 수 없는 것은 아니니까요. 주님은 마리아를 통한 탄생 전에도 영광 중에 계셨으니까 탄생이 존재의 시작을 의미하지는 않습니다. 주님은 인간을 대신하여 하나님의 저주를 받기 위해 이 땅에 오셨습니다. 처음에는 몰랐는데 살다 보니 힘들어진 것이 아니라 처음부터 자신을 위해서라면 오지 말았어야 할 길을 원해서 들어오신 것입니다. 그런데 그분을 사랑하는 사람들, 그리고 그분이 자신을 위해 어떤 길을 가셨는지 아는 사람들이 고깔모자를 쓰고 반짝이를 뿌리면서 "생일 축하해요"라고 환호성을 지른다면 과연 예수의 생애의 의미를 아는 것일까 의아스럽습니다. 기쁨이 언제나 경쾌함을 의미하지 않는다면 그날의 기쁨은 마음에 울림이 있는 기쁨이어야 마땅할 것 같습니다. 그날 진정으로 축하를 받아야 할 사람은 사실은 예수 그리스도가 아니라 은혜를 입은 사람들이기 때문에 깊은 감사 없이는 기뻐할 수 없습니다.

절기의 기쁨을 표현하는 방식 자체가 지닌 모순과 함정을 생각하면 표현 방식 자체를 문제 삼아 시비를 걸고 싶지는 않습니다(바로 이런 모순과 한계 때문에 교회의 절기 자체를 거부하는 교단도 있습니다). 성탄절이 되면 예수의 탄생이나 생애를 상품화하려는 경향도 문제지만, 사건의 의미에 대한 성찰 없이 막연히 분위기만 즐기려는 현대인의 사조에 교회가 편승하는 것도 문제다 싶어 염려스럽기는 합니다.

성탄절에 도쿄에서 인터뷰하는 장면을 텔레비전에서 본 적이 있습니다. 기자가 한 젊은 여성에게 오늘이 무슨 날이냐고 묻자 크리스마스라고 대답했습니다. 그에게 예수에 대해 들어 본 적이 있느냐고 물으니까 한 번도 들어 본 적이 없다고 했습니다. 예수에 대해서 전혀 들어 본 적이 없어도 크리스마스는 즐거울 수 있을 만큼 교회의 절기가 상품화되었습니다.

한번은 대장 마귀가 부하들과 세상을 돌아보던 중에 어떤 사람이 진리 한 조각을 받아 들고 좋아하는 모습을 보았답니다. 부하 중 하나가 "저 진리를 빼앗아 올까요?" 하고 물었습니다. 그때 대장 마귀가 말합니다. "가만 둬라. 진리 조각을 소유한 것이 진리를 소유하지 않은 것보다 훨씬 그를 황폐하게 만들 것이다."

우리가 정작 기뻐해야 할 것은 예수의 탄생이 아니라 예수의 생애이고, 그로 인하여 주어진 생명과 자유입니다. 마치 아기 예수의 평화로운 모습은 좋아하면서도 십자가에 달리신 예수의 모습은 원하지 않은 선교 초기 중국인들처럼 예수의 생애 중에도 보기에 좋고 마음에 드는 부분만 선별하여 받아들이는 것은 위험합니다. 마찬가지로 예수의 생애와 사역을 단편화시켜서 잘 믿어지지 않거나 마음에 들지 않는 부분은 제거한다든지, 예수의 구속 사역을 전체적으로 이해하기보다 단면적으로 이해하려는 것은 위험합니다. 그런데 제가 생각하기에 그보다 위험한 것은 예수의 생애 자체에는 아무런 관심 없이 자신의 감정과 느낌대로 해석하고 반응하는 것입니다. 특히 객관적인 사건이나 사실조차 주관화시켜서 사건 자체의 사실보다는 해석의 진실성에 가치를 부여하는 이 시대의 사조를 생각할 때 더욱 그렇습니다.

저는 예배를 하면서 예수께 집중하지 않을 때 불편합니다. 아무 생각 없이 함께 찬송을 하다가 문득 가사를 보면 주님의 고난과 죽음에 관한 내용인데 이렇게 신이 나서 불러도 되는 걸까 싶은 적도 있고, 성찬에 참여하면서 지나치게 슬픈 분위기가 연출될 때는 주님이 십자가에서 얼마나 아프셨을지를 마음 아파하고 불쌍히 여기며 슬퍼하라고 성찬을 명하셨을까 싶은 적도 있습니다. 예수의 십자가 죽음을 찬송하면서 힘차게 손뼉을 치는 것도 결국 그 찬송의 멜로디가 분위기를 띄우기에 좋아서가 아닐까 싶

예배
사색

으면 마음이 허전해집니다. 물론 예배에 참석한 사람들 각자가 그 가사에서 느끼는 감정과 주어진 삶의 정황이 다를 수 있음을 인정하더라도 예수께서 살아가신 생애의 객관적 의미가 상실될 수는 없을 것입니다.

찰스 스펄전(Charles H. Spurgeon) 목사가 한 말로 기억하는데, 설교자가 천국을 설교하면서 얼굴에 인상을 쓰고 감정이 격해서 화난 것처럼 말하면 청중은 천국을 들으면서 지옥을 생각한답니다. 회심을 간증하면서 자기가 얼마나 못된 사람이었는지를 과장하면 죄를 자랑하는 것처럼 들립니다. 고깔모자를 쓰고 피리 나팔을 불면서 예수의 생일 축하 노래를 부르고 케이크를 자르면 성탄절은 그냥 문화 행사처럼 보입니다.

목회를 할 때 설교 후에 부르는 찬송은 제가 선택했습니다. 워낙 아는 찬송곡이 없어서 고르느라 많은 시간이 걸렸고 적당한 찬송을 찾지 못한 경우가 많기는 하지만, 가장 우선적인 선택 기준은 멜로디가 주는 분위기와 가사 내용이었습니다. 어쩌면 가사가 설교 내용과 맞는가보다 가사와 멜로디의 분위기가 맞는가를 더 중요하게 여겨서 힘들었던 것 같기도 합니다. 톰 라이트는 「혁명이 시작된 날」(*The Day the Revolution Began*, 비아토르 역간) 이라는 책에서 헨델(G. F. Händel)이 <메시아>(The Messiah)를 작곡하면서 요한계시록 11장 5절을 가사로 한 할렐루야 합창을 부활과 새 창조를 노래한 오라토리오의 3부 끝부분이 아니라 예수의 죽음과 부활, 그리고 선교를 노래한 2부 끝부분에 두었다는 것을 지적하면서 17-18세기 그리스도인들은 죽어서 갈 천국이 아닌 선교를 통해 임하는 하나님 나라의 영광에 더 큰 관심이 있었음을 말하기 위함이었다고 그는 주장했습니다.

저는 여기서 헨델의 의도나 톰 라이트의 해석을 논하고자 하는 것이 아닙니다. 다만 찬송에도, 예배에도 바른 신학의 정립이 필요하다는 것을 말하고 싶은 것입니다. 예수의 생애를 전체적으로 이해하고 가사 하나에서도 전체적인 균형을 경험할 수 있으면 좋겠다 싶고, 예배하는 사람들의 마음속에도 예수의 생애의 의미에 대한 신학적인 관심이 있으면 좋겠다 싶습니다. 무엇보다 예배를 인도하는 사람으로서 제 중심에 예배 분위기가 아닌 예수 그리스도를 통한 하나님의 임재의 영광에 대한 깊은 관심이 있으면 좋겠습니다.

허투루 찬송을 부를 게 아닙니다. 단순히 분위기를 위해서 찬송곡을 선별할 것이 아닙니다. 예수의 생애 전체가 예배하는 사람들의 머리와 마음속에 그려질 수 있으면 좋겠습니다.

예배
사색

참회의
기도

로저 배리어(Roger Barrier)는 「목회자
가 하나님의 음성을 듣는 방법」(*Listening to the Voice of God*, 작은행복
역간)이라는 책에서 대학에 입학해서 집을 떠난 한 학생에 관한
이야기를 소개했습니다. 그가 집을 떠날 때 엄마가 이런저런 지
침을 주었는데, 그중 하나가 빨래에 관한 것이었습니다. 빨래 가
방을 주면서 저녁에는 그날 입은 옷을 그 가방에 넣어 두었다가
주말에 세탁실에 가져가서 빨래를 하라고 했습니다. 학생은 엄마
말대로 주말에 빨래 가방을 가지고 세탁실에 갔습니다. 그리고
그 가방을 통째로 비누 가루와 함께 세탁기에 넣고 돌렸습니다.
조금 있으니 세탁기가 쿵쿵거리며 요란한 소리를 내며 돌기 시작

했습니다. 옆에 있던 학생이 다가와 조심스럽게 말했습니다. "가방을 한꺼번에 넣으면 안 돼. 옷을 하나씩 빼서 세탁기에 넣어야 깨끗하게 빨 수 있어."

제가 예배를 인도하면서 예배 순서 가운데 가장 아쉬웠던 부분이 있다면 예배 순서에 참회의 기도 시간이 없었다는 것입니다. 회개와 사죄의 확신이라는 순서를 가진 적은 있지만 그 시간을 의미 있게 보낸 기억이 없습니다. 참회 시간이 짧아서일 수도 있겠지만 참회가 지나치게 피상적이기 때문이기도 합니다. 이 피상성은 공식화되고 일반화됨에서 비롯됩니다. 다시 말하면 회개가 구체적이지 않다는 것이 문제였다는 것입니다.

"저는 죄인입니다. 저를 용서하소서"는 누구나 할 수 있는 기도입니다. 누군가 이런 제 기도를 들었다 해도 문제될 것이 없습니다. "저는 교만합니다. 제 교만을 용서하소서"라고 기도해도 사실은 크게 문제되지 않기 때문에 옆에 앉은 사람이 제 기도를 듣는다 해도 제 이미지에 크게 영향을 주지 않을 것입니다. 그러나 "저는 아무개 장로가 너무 무식하다고 생각했습니다. 저를 용서하소서"라는 기도는 단순히 남이 들어서는 안 될 말일 뿐만 아니라 그 기도를 제 머릿속에 의식화하는 것도 불편합니다. 그것을 의식화해서 입에 담는 것은 진짜로 제가 죄인임을 인정하는 것이니까요.

한 청년이 좋아하는 여자 친구에게 연애편지를 보냈습니다.

예배
사색

"보고 싶은 ○○○에게, 당신이 정말 보고 싶습니다. 이 세상이 사막과 같다면 나는 뜨거운 모래사막을 기어서라도 당신에게 가고 싶습니다. 이 세상이 태평양과 같다면 상어가 득실거린다 할지라도 목숨을 걸고 당신에게 헤엄쳐 가고 싶습니다. 당신을 보기 위해 사나운 맹수와 싸워야 한다면 나는 기꺼이 내 목숨을 걸고 맹수와 싸워 당신을 볼 것입니다. 당신이 정말 보고 싶습니다. 이번 주 목요일에 비가 오지 않는다면 당신이 있는 곳으로 가겠습니다."

상어도, 맹수도, 사막도 무섭지 않은데 비는 무섭습니다. 다른 것들은 가상이지만 비는 실제니까요. "죽을 수밖에 없는 죄인! 벌레만도 못한 죄인!"이라는 표현은 어렵지 않은데, 돈을 좋아하고 색을 밝히는 탐욕스럽고 음란한 죄인임을 인정하기는 쉽지 않습니다.

물론 저는 예배를 인도하는 사람으로서 제 사적인 모든 죄를 회중 앞에 고백하는 것이 언제나 덕을 세우는 일은 아님을 인정합니다. 서로 죄를 고하라는 말씀은 상대방에게 해를 끼쳤거나 공동체가 의식하고 있는 죄를 고백하고 용서를 구하라는 의미이지, 마음속에 품고 있던 것까지 다 말해야 한다는 의미가 아님도 알고 있습니다. 또한 주관적인 것을 객관화해서 특정한 생각을 죄로 규정하여 공적으로 선언하듯이 고백할 수 있는 권한이 개인에게 있지 않다는 것도 인정합니다. 그러니까 예배를 인도하는 사람이나, 대표 기도를 하는 사람이 개인적인 죄를 고백하는 것은 대부분 합당하지 않습니다. 모든 사람이 공감할 수 있는 교만과 거짓, 탐욕과 불의함을 언급하는 것이 어쩌면 다 함께 하는 참회 기도의 최선일 것입니다.

제가 문제 삼는 것은 제가 벌레만도 못한 죄인임을 인정하는 것은 어렵지 않은데 친구 교회의 성장을 질투한 죄는 인정하고 싶지 않은 '제 마음'입니다. 제게 탐심이 있음은 인정하고 고백할 수 있는데 제가 교회 돈으로 멀쩡한 전화기를 신형으로 바꾼 죄는 인정하지 않으려고 합니다. 다시 말하면 창피해서 저 자신도 인정하고 싶지 않은 마음을 자꾸 합리화하는 것입니다. 그와 같은 합리화의 방법으로 죄를 그리 심각하게 생각하지 않으려는 경향이 더 심각한 문제입니다. 이론적으로 질투와 탐심이 악하다는 것은 인정해도 그것이 얼마나 끔찍하고 비인간적인지를 실제 삶에서는 인정하지 않으려고 합니다. 그래서 회개가 쉽지 않거나 가볍습니다.

일상의 삶에서 죄에 대한 민감함이 살아 있어야 참회 기도가 진실할 수 있습니다. 그리스도인으로서 어떤 생각이 합당하지 않은지, 그리 살지 말아야 함에도 그렇게 살 수밖에 없는 현실의 압박이 얼마나 고통스러운지, 교회의 모순과 불의가 하나님 앞에 얼마나 심각한 것인지 삶에서 느낄 수 있어야 합니다. 예수께서 죽으심으로 우리의 모든 죄를 사하셨음이 죄의식을 무디게 만들 수는 없습니다. 벌레만도 못한 죄인을 위해 십자가에서 죽으신 주님은 제가 아주 가볍게 여기는 죄를 위해서도 십자가에서 죽으셨습니다. '회심에서의(칭의를 위한 조건으로서의) 회개'는 단회적이라서 그리스도의 주 되심을 인정함으로 단번에 회개했다 말할 수 있지만, '성화 과정에서의 회개'는 반복적이라서 주님이 부르시는 날까지 회개하는 중이어야 합니다. 회개하고 예수를 믿었다면 더는 회개할 필요가 없다는 말은 개혁주의의 일반적인 관점이 아닙니다. 역설적이지만 참된 회개가 지속적인 회개를 진실하게 만듭니다. 그러니까 용서받았다는 사실로 인해 죄에 무뎌지는 것은 진심으로 회개해야 할 또 다른 심각한 죄인 것입니다.

이렇게 한 주를 살아온 그리스도인들이 함께 모여 예배를 할 때 참회 기도를 합니다. 그렇다면 한 주를 살면서 개인의 의식 가운데 있던 죄들을 차분히 되새겨 인정하는 시간이 필요합니다. 단순히 그 짧은 시간에 일주일 동안 지은 죄를 기억해 내어 회개하거나, 아니면 죽을 수밖에 없는 죄인임을 용서해 달라고 두루뭉술하게 말할 것이 아닙니다. 한 주 동안 이미 회개한 죄를 다시 기억해서 또 회개해야 하는 것은 아니지만, 참회의 시간은 그 회개한 죄를 다시 기억하여 그리 범죄한 죄송함을 돌아보는 시간이어야 합니다. 죄는 용서받아 치유되었어도 상처와 흔적이 남는 법이니까요. 그렇다면 예배 순서 중 참회의 시간은 지나치게 짧거나 형식적인 것이 아닐까 싶습니다(당장 죄로 인한 고민과 갈등이 있는 사람에게는 그 짧은 시간도 참된 회개 시간이 될 수 있겠지만요). 조금 더 여유를 가지고 한 주를 돌아보며 회개한 죄들을 다시 곱씹어 보고 구체적으로 그 죄를 고백할 때 죄 사함의 은혜도 새롭게 경험할 수 있겠다 싶습니다.

다윗이 밧세바를 범한 죄를 하나님 앞에 회개했지만(그래서 그의 죄책은 즉각 사라졌지만) 밤마다 그의 침상을 적시고 눈물 병에 눈물이 고이게 만든 것은 그 죄의 흔적과 상처가 주는 아픔이었을 것입니다. 참회 기도 시간은 바로 그 안타까움과 속상함을 토로하며 다시 하나님의 은혜를 기억하고 감사하는 시간입니다. 예배 중에 어떻게 하면 그 시간을 의미 있게 가질 수 있을까 하는 고민은 목회를 마감한 지금도 여전히 제 안에 남아 있습니다.

예배
사색

헌금과
헌신

팀 켈러(Tim Keller)가 「팀 켈러의 탕
부 하나님」(*Prodigal God*, 두란노 역간)이라는 책에서 소개한 예화입
니다. 당근 농사를 짓는 농부가 있었습니다. 아주 큰 당근이 밭에
서 자라자 그것을 왕에게 가져갔습니다. "제가 지금까지 재배한
것 가운데 가장 큰 당근입니다. 사랑과 존경의 표시로 이 당근을
왕께 드립니다." 왕이 감동을 받아 농부에게 선물을 주었습니다.
"네 농지 곁에 아주 큰 내 땅이 있으니 그것을 너에게 공짜로 주
겠다. 거기서 농사를 크게 지어라." 그것을 지켜본 한 신하가 생각
했습니다. '당근을 드렸더니 땅을 주었다? 그렇다면 만일 더 좋은
것을 드린다면?' 그래서 그 신하는 자기가 아끼는 말을 왕께 가지

고 갔습니다. "제가 아끼는 최고의 말입니다. 사랑과 존경의 표시로 이 말을 왕께 드립니다." 왕은 그 신하의 의도를 알았기 때문에 고맙다고 말하고는 아무 선물도 주지 않았습니다. 신하가 당황했습니다. 그러자 왕이 말했습니다. "농부는 당근을 나에게 주었고, 너는 말을 너에게 주었다."

'탕부' 혹은 '탕자'라고 할 때 '탕'(蕩, prodigal)의 사전적 의미는 '낭비' 혹은 '쓸데없는 일에 사치스럽게 사용함'입니다. 그러니까 '탕자'라고 할 때에는 아버지가 준 유산을 자신의 쾌락을 위해 낭비해 버린 아들을 의미합니다. 그렇다면 '탕부'란 아무 가치도 없는 죄인을 구원하기 위해서 아들을 주기까지 사랑하신 아버지를 의미합니다. 우리 편에서 생각하면 말할 수 없이 엄청난 사랑이지만 하나님 편에서 생각하면 엄청난 낭비로 보이는 사랑입니다. 우리는 그런 사랑을 받을 자격이 없는 사람들, 스스로 주인 됨으로 창조주 하나님을 거역하고 배신한 무익한 자들이기 때문입니다. 아들을 주기까지 우리를 사랑하신 하나님의 사랑은 우리가 갚거나 보답할 수 있는 종류의 사랑이 아닙니다. 우리의 어떤 희생도, 우리의 어떤 예배도 하나님의 복과 사랑을 요구하거나 기대할 수 없습니다. 그러니까 하나님의 사랑을 무조건적이라고 말할 때 이는 단순히 아무 조건 없이 거저 주신 것이라는 의미일 뿐만 아니라 그 어떤 것으로도 갚을 수 없는 것이라는 의미이기도 합니다. 단순히 안 갚아도 되는 것이 아니라 갚을 능력이 없는 것

예배
사색

입니다.

우리는 조그마한 희생에도 생색을 내려고 합니다. 물론 그것은 자신의 희생과 하나님의 사랑을 비교해서 내는 생색은 아닙니다. 우리는 하나님에게 받은 은혜를 갚을 수 없다는 것을 아주 잘 아니까요. 우리의 생색은 다른 사람의 희생과 자신의 희생을 비교해서 내는 생색입니다. 그러니까 우리의 불평이나 자랑이 정당하다고 생각하게 됩니다. 다시 말하면 우리가 무엇을 해도 하나님의 은혜를 갚을 수 없음은 잘 알지만, 상대적으로 다른 사람보다는 많은 것을 희생했으니 구원의 은혜 외에 적어도 다른 사람보다는 큰 복을 받을 수 있다고 생각하는 것입니다. 그래서 헌신은 내가 더 많이 했는데 덜 헌신한 사람이 잘되는 모습을 보면 화가 나고 원망이 생깁니다. 하나님의 은혜를 몰라서가 아니라 우리가 다른 사람보다 낫다고 생각하기 때문입니다. 다른 사람은 어떻게 되든 상관하지 않고 하나님만 보고 헌신하고 희생하는 것은 참 어려운 일입니다. 우리가 하나님에게 요구할 것이 없음을 인정하더라도 어떤 사람이 잘되는 것을 보면 마치 우리에게 하나님에게 요구할 수 있는 권리가 생긴 것 같은 마음이 들기도 합니다.

저는 헌금하는 분들 가운데 자신의 드림을 하나님이 우리에게 아들을 주심과 비교하는 사람은 없다고 생각합니다. 그런데 다른 사람의 드림과 비교하는 사람은 제법 많습니다. 교회에 처음 부임했을 때, 월요일 아침에 교회에 갔더니 주일에 헌금한 사람들의 명단과 금액이 제 책상 위에 놓여 있었습니다. 그 명단을 보든 안 보든 제가 목회하는 데 아무런 상관이 없을 줄 알았는데 일단 그 명단을 본 순간부터 저는 자유로울 수 없었습니다. 그래서 바로 그다음 주부터 헌금 명단을 제게 보여 주지 말라고 부탁했습니다. 안 그럴 줄 알았는데 일단 보고 난 후에 교인을 돈으로 보지 않으려는 노력은 비교 의식을 물리치려는 노력에 버금가는 힘든 일이었으니까요.

비교 의식은 (자기 스스로 주인이 되려는) 원죄에서 비롯된 것으로, 형제와 이웃을 경쟁자로 만들어 남보다 잘해도, 남보다 못해도 결국 인생을 황폐하게 만드는 아주 불순한 것입니다. 어떤 선한 목적을 이루기 위해서든 스스로 최고가 되려는 마음을 자극하는 것은 위험한 일입니다. 복을 받기 위해서나 재앙을 면하기 위해서, 혹은 남들에게 무시당하지 않고 인정받기 위해서 헌금하는 것을 과연 하나님이 기뻐하실까 싶다가도, 인간의 자기중심성이 가지고 있는 불가항력적인 능력을 생각하면 오직 하나님만 생각하는 철저한 순수함으로 헌금하는 것이 과연 가능할까 싶기도 합니다.

헌신이 진정한 감사와 존경의 표현이 아니라 남보다 잘하기 위해서, 혹은 대가나 보상을 기대해서라면 그 헌금은 나에게 한 것입니다. 예배가 감사와 헌신의 표현이 아니라 의무와 비교의 행위라면 그것도 나에게 한 것입니다. 헌금을 하는 것이 복을 받

예배
사색

기 위해서나 재앙을 피하기 위해서라면 그것도 하나님에게 한 것이 아니라 나에게 한 것입니다.

저는 옛날 사람들도 실제로 나무나 산을 신으로 여겨서 섬긴 것은 아니라고 생각합니다. 그것들을 신으로 여긴 것은 단순히 그것들이 재앙을 준다는 생각에서 비롯된 것이니까 결국 재앙에서 자신을 보호하기 위해서 인간이 만든 일종의 장치일 뿐입니다. 우상 숭배란 결국 자기 숭배입니다. 그래서 바울은 "탐심은 우상 숭배"(골 3:5)라고 했습니다. 존경과 신뢰로 돌이나 나무를 섬기는 것이 아니라 두려움과 불안으로 돌이나 나무를 섬깁니다. 따라서 사람들의 두려움과 불안을 자극해서 헌금을 강요하거나 헌신을 요구하는 것은 기독교를 원시 종교, 우상 종교로 만드는 것입니다. 저도 어릴 적에 많이 들었지만, "복받고 잘 살 수 있는 비결이 있는데 그것을 전하지 않는 것은 목사의 직무 유기"라는 말은 구원을 위해 아들을 주시면서 사랑을 확증하시고 끝 날까지 함께하겠다는 하나님의 마음을 이해하지 못한 말입니다. 무엇을 받기 위해서가 아니라 순수한 마음으로 드리지만, 그렇게 순수하게 드리면 (최고의 당근을 드리면 땅을 선물로 받듯이) 하나님은 틀림없이 복을 주신다는 공식화도 심각한 문제지만 그 문제는 여기서 다루지는 않겠습니다.

원초적인 질문이지만 놓치면 안 되는 질문입니다. "이것은 주께 드리는 것인가, 나에게 주는 것인가?" "주님에게 드리면서 내가 기대하는 것이 있는가?" "예배 중에도, 헌금 중에도 여전히 내가 주인인가, 아니면 그리스도께서 주인이신가?" 이 질문은 헌신 중에 우리 안에 감춰진 비교 의식과의 치열한 싸움을 가능하게 할 수 있습니다. 우리는 하나님이 우리에게 적은 것을 주셨다는 것이 섭섭한 것이 아니라 다른 사람에게 조금 더 많이 주셨다는 것이 섭섭합니다. 믿는 모든 자에게 주신 구원에 대한 감사의 마음은 있지만, 그 은혜를 받기에 우리가 합당하지 않다는 것은 확실하게 알지만, 그래도 우리보다 못한 사람들이 우리보다 잘되는 것은 참기가 어렵습니다. 그래서 왜 그들은 잘되는지가 궁금하고 못마땅합니다. 이런 인간의 죄성을 자극해서 헌금하고 헌신하게 만든다면 그것은 나에게 한 헌금일 뿐입니다. 그래서 사람들은 주님의 은혜 때문에 헌신하지만, 사람 때문에 헌신을 멈춥니다. 다른 사람들에게 위축되어 그만두고, 다른 사람들보다 우월해서 지속하려는 유혹이 사역 현장에는 늘 존재합니다.

하나님에게 드리고 싶습니다. 감사함으로 드리고 싶습니다. 고난과 시련 중에 하나님의 도우심과 함께하심을 구함은 우리의 헌신과 별개의 문제입니다.

예배
사색

"주시옵소서"

5학년 남학생이 무엇이든 간절히 기도하면 하나님이 들어주신다는 설교를 들었습니다. 그날 밤, 학생이 자기 방에서 기도하는데 아버지가 방 앞을 지나다가 아들의 기도 소리를 들었습니다. 그런데 기도하는 내내 "도쿄, 도쿄"를 반복하는 것이었습니다. 다음 날 아침에 아버지가 아들에게 무슨 기도를 했는지 물었습니다. 아들이 대답하기를, 시험에서 멕시코의 수도가 어디냐는 문제에 도쿄라고 썼는데, 멕시코의 수도가 도쿄로 바뀌게 해달라고 기도했다는 것입니다. 우리는 우리가 하나님에게 맞추어서 하나님의 원하심을 찾기보다는 하나님이 우리에게 맞춰 주시기를 원합니다.

공부를 하지 않아서 아는 게 없으면서도 시험을 잘 보게 해달라는 기도는 가능하다고 생각하지만, 멕시코의 수도가 도쿄로 바뀌게 해달라는 기도는 황당하다고 생각할 것입니다. 하지만 가만히 생각해 보면 우리가 드리는 제법 많은 기도가 멕시코의 수도를 도쿄로 바꾸어 달라는 기도와 크게 다르지 않을 수 있겠다 싶습니다. 분명히 잘못된 것임에도 하나님이 우리에게 맞추시기를 강요하는 듯한 기도가 참 많으니까요. 기도란 유한한 인간이 무한한 하나님을 만나는 곳이니까 무엇을 어떻게 기도해야 할지 혼란스러운 것으로 당연한 일인지도 모릅니다.

어머님이 저희 집을 방문하신 적이 있습니다. 제 손녀가 증조할머니를 워낙 좋아하기 때문에 하루는 같이 잤습니다. 아침에 식탁에서 손녀가 말했습니다. 자기가 자는데 증조할머니가 새벽에 일어나서 기도를 하더라는 겁니다. 그런데 한참 동안 기도하면서 계속 "옵소서, 옵소서"만 하시더랍니다. 그 아이에게 할머니의 기도는 "옵소서"입니다.

하지만 가만히 생각해 보면 우리가 기도하는 중에 "주시옵소서"라고 기도하는 것은 뭘 달라는 기도가 아니라 하나님 앞에 기도하는 표현 형태일 뿐입니다. 가령 제가 "좋은 목사가 되게 해주시옵소서"라고 기도했다면, 저는 아무것도 하지 않고 가만히 있을 테니까 하나님이 알아서 저를 좋은 목사로 만들어 달라는 의미가 아니라 좋은 목사가 되겠다는 헌신의 표현일 뿐입니다. 의

예배
사색

사가 환자를 잘 돌보게 해달라고 하는 기도도 자신의 책임을 회피하는 불성실한 의미가 아니라 최선을 다할 테니 함께 해달라는 헌신의 의미입니다. 따라서 기도가 "주시옵소서"뿐이라고 비난하거나 자책할 이유는 없다고 생각합니다.

기도하는 사람들이 어떤 기도를 해야 할지 혼란스러운 경우가 많은 것은 사실입니다. 예배 중 대표 기도를 하는 사람들은 온 교인이 공감할 수 있는 기도를 대표로 한다는 것이 얼마나 어려운지 잘 알기 때문에 많이 부담스러워합니다. 오랜 시간 대표 기도를 한 분들은 거의 외워서 하는 것처럼 내용이 정해져 있다는 것도 답답하지만, 기도 자체가 워낙 신비한 것이라서 어떤 기도가 합당할지 몰라 당황스럽기도 합니다. 무조건 살려 달라는 기도가 합당할지, 주님의 뜻에 순종하게 해달라는 기도가 합당할지, 고난이 하나님의 뜻 안에 있다면 고난을 없애 달라는 기도가 합당할지, 고난을 견디게 해달라는 기도가 합당할지 잘 모르겠습니다.

저는 예배 중에 누군가 기도를 인도할 때 반복됨과 지루함은 견딜 수 있는데 동의할 수 없는 내용일 때는 견디기가 힘듭니다. 주님이 "중언부언하지 말라"(마 6:7)고 하신 것은 기도의 반복이나 말재주가 없어 더듬거림을 말씀하신 것이 아니라, 단순히 많이 기도하면 들으시는 줄 알고 '의미 없이' 반복하는 것을 말씀하신 것입니다. 그러니까 진실함이 있다면 반복된 기도는 문제되지 않습니다. 아니, 사실은 고난의 현실이 여전히 그대로 남아 있다면 반복된 기도는 아주 당연합니다. 하지만 제가 동의할 수 없는 내용을 지나치게 확신에 차서 기도할 때는 불편합니다. 물론 모두가 저와 동의해야 하는 것은 아니지만 고백 공동체가 공감할 수 있는 내용이 아닐 때 그렇습니다. 그러니까 "주시옵소서"라는 말은 불편하지 않지만 멕시코의 수도가 도쿄가 되게 해달라는 기도가 진심이라면 불편합니다.

교회에서 대표로 기도를 인도하는 분들의 고충을 알기 때문에 저는 예배를 인도하면서 대표 기도에 어떤 제한도 두고 싶지 않았습니다. 기도가 길다고, 불편하고, 예배 흐름을 방해한다고 불평해서 기도의 길이에 관해 많이 말하지만, 저는 기도의 길이를 문제 삼고 싶지 않았습니다. 제가 기도문을 미리 작성하기를 선호하는 것도 시간 때문이 아니라 내용 때문입니다. 예배가 마치 공연처럼 매끄럽게 진행되어야 하는 것은 아니니까 예배 흐름에 대한 고민 자체가 자칫 예배의 본질을 놓치게 만들 수 있습니다(물론 그러니까 예배의 흐름은 하나도 중요하지 않다는 말이 아닙니다. 흐름이 본질이 될 수는 없다는 말입니다).

기도는 하나님으로 하여금 우리의 필요와 원함에 맞추도록 하는 것이 아니라 하나님의 선하심과 능력을 믿어 그분의 인도하심에 우리를 맞추는 행위입니다. 동시에 기도는 인간의 한계를 가지고 무한하신 하나님에게 나아가는 행위라서 친밀함이 없는 이성적인 관계에서는 불가능한 행위입니다. 그래서 성경은 기도를

예배
사색

어린 자식이 아버지께 나아가는 것으로 비유하기도 합니다. 몰트만이 "송영은 신학적 지식의 최종점이며, 신학 역시 기도의 형태가 되어야 함을 보여 준다"(The Kingdom and the Power, 199쪽)고 말한 것처럼, 신학적 지식의 결국이 하나님을 높이고 경험하도록 함이라면 기도는 하나님에 관해서 말하는 것이 아니라 하나님을 향해 말하는 것입니다. 그러니까 하나님에게 합당한 기도가 신학적 지식을 전제로 할 수는 있지만 하나님을 향한 기도가 언제나 합당한 신학적 전제들의 열거일 필요는 없습니다.

어렵지만 제가 이 말을 하는 이유는 예배 중에 대표로 기도하는 사람이나, 그 기도에 동참하는 회중은 모두 기도란 참 어려운 것이라는 전제를 해야 하기 때문입니다. 합당한 기도를 하도록 애써야 함과 동시에 기도를 함부로 판단할 수 없는 실존적 긴장이 있기 때문입니다. 그래서 저는 기도를 인도하는 사람들도 마치 설교를 준비는 사람처럼 성실하게 준비해야 한다고 생각합니다. 성령의 인도하심을 믿고 준비 없이 기도 자리에 서는 것은 성령의 인도하심만 믿고 준비 없이 설교 자리에 서는 것과 다를 바 없습니다. 설교하는 사람에게 회중과 공감하고 하나님의 원하심에 맞추려는 신학적 자세가 필요하다면 기도를 인도하는 사람도 마찬가지입니다. 그렇게 준비된 기도라면 저는 기도가 꼭 짧아야 할 필요는 없다고 생각합니다.

어쩌면 교인들은 회중 기도를 별다른 기대 없이, 그저 예배의 형식적인 순서라고 생각하기 때문에 꼭 해야 한다면 짧게 해야 한다는 견해를 선호하는지도 모릅니다. 가장 의미 있고 귀한 시간임에도 가장 소홀히 여기는 시간이 된 셈입니다. 멕시코의 수도가 도쿄가 되게 해달라는 무모함 때문만이 아니라 예배가 엔터테인먼트처럼 되어 가면서 기도가 설 자리가 없어졌기 때문인지도 모릅니다. 그 책임이 기도를 준비하는 사람들의 무성의함 때문이라면 잘 준비해야 할 것이고, 기도에 대한 교인들의 그릇된 인식 때문이라면 예배에 대한 인식이 전환되어야 할 것입니다. 아무튼 기도를 인도하는 사람도, 함께 기도하는 회중도 지금보다는 훨씬 진지한 마음으로 예배 중 기도에 임하는 것이 숭요할 것입니다.

예배 순서를
바꾼다면?

한 경건한 남자가 매일 아침에 일어나면 침실에서 성경을 읽고 기도를 했습니다. 그에게는 고양이가 한 마리 있었는데 그가 기도를 하면 주인에게 사랑을 받고 싶어서 다가와 몸을 비비며 쓰다듬어 주기를 기대했습니다. 묵상을 방해받고 싶지 않은 그는 아침에 일어나면 고양이를 침대 다리에 묶어 두고 묵상을 마친 후에 풀어 주었습니다. 아침마다 그렇게 말씀을 읽고 기도하는 그의 모습을 딸이 보았습니다.

딸은 어른이 되고 난 후에 아버지의 신앙을 본받아 기도와 말씀으로 하루를 시작하기로 했습니다. 딸에게도 고양이가 한 마리 있었는데, 아침에 일어나면 기도하기 전에 고양이를 침대 다리에 묶었습니다. 하지만 딸은 왜 고양이를 침대 다리에 묶는지는 모르고, 기도하기 전에는 고양이를 침대 다리에 묶어야 한다는 것만 알았습니다. 사실 그 고양이는 침대 다리에 묶지 않아도 되었는데 말이죠.

제가 신학교에 있을 때 목회학을 가르친 팀 켈러 목사는 목사가 예배를 인도하면서 6개월에 한 번, 혹은 일 년에 한 번 예배의 순서를 바꾸지 않는 것은 목사의 직무 유기에 속한다고 했습니다. 저는 목회를 하면서 그 말을 기억했습니다. 그리고 가능하면 일 년에 한 번은 예배 순서를 바꾸어 보려고 애를 썼습니다. 사도신경을 예배를 시작하면서 하기도 하고, 예배를 마치면서 하기도 했습니다. 설교가 예배의 중심이 아니라는 것을 보여 주기 위해 찬양을 설교 전보다 설교 후에 많이 하도록 해보기도 했습니다.

예배 순서를 바꾸려고 한 이유는 사람들이 같은 것을 반복하다 보면 아무 생각 없이 습관적으로 할 수 있기 때문입니다. 다시 말하면 같은 일을 반복하다 보면 원래 의미는 사라지고 형식만 남을 수 있기 때문입니다. 사람들이 하는 예배 행위에 의미를 부여하기 위해서는 그 행위에 대한 의식이 있어야 한다 싶어서 예배 순서를 바꾸어 예배 행위가 무의식적인 행위가 되지 않도록 하려고 했습니다. 사실 그리 성공적이지는 않았습니다. 매번 왜 순서를 바꾸는지 설명하고, 예배를 시작하면서 사도신경을 하는 이유, 예배를 마치면서 하는 이유를 말씀드리지만 이미 익숙해져

예배
사색

있는 데에서 새로운 것을 시도함에 두려움을 가지고 있는 사람들은 익숙할 만하면 순서를 바꾸어서 불편하게 만든다고 불평했습니다. 사실 제 의도는 바로 그 불편함이었는데도 말입니다.

어떤 분은 예배 중에 사도신경은 꼭 있어야 한다고 믿고, 사도신경을 하지 않는 예배는 온전한 예배가 될 수 없다고 주장합니다. 그런데 왜 예배 중에 사도신경을 해야 하는지, 그것이 갖는 의미가 무엇인지에 대해서는 한 번도 생각해 본 적 없이 반드시 있어야 한다는 것만 압니다. 심지어 사도신경의 새 번역도 안 되고 옛날 번역만 된다고 주장하는 사람도 있습니다. 사도신경이 아닌 소요리 문답을 함께 읽어도 되는지, 니케아 신경을 대신 고백해도 되는지 묻기보다는 무조건 사도신경을 해야 하고, 회중 찬송이전에 하는 게 가장 무난하다고만 생각합니다. 한번은 어느 교회 집회에 갔더니 교인 한 분이 교회에서 주기도문 찬송으로 예배를 마치는 게 몹시 못마땅하다면서, 주기도문 찬송으로 예배를 마치기 때문에 그 교회는 절대로 부흥할 수 없다고 하셨습니다(그렇게 말한 이유는 주기도문 찬송 가사에 원래 주기도문에서 빠진 부분이 많기 때문이었습니다).

예배는 왜 찬양으로 시작해서 설교로 마쳐야 할까요? 예배에서 찬양의 중요성을 염두에 둔다면 하나님 말씀에 대한 정당한 반응으로 먼저 설교를 간단하게 하고 찬양을 길게 해도 되지 않을까요? 물론 다양한 시도를 하는 데 제한이 있는 것은 사실이지만 제가 하고 싶은 말은 단순히 예배가 의미 없는 행동의 반복으로 인한 형식은 아니라면 좋겠다는 것입니다.

더 심각한 것은 확실한 의미도 알지 못한 채 전통이라는 이름으로 자신이 하는 방식이 아니면 다른 것은 다 틀렸다는 생각입니다. 라비 재커라이어스가 쓴 「믿음의 이유」(The Logic of God)라는 책에 보면 낚시를 하는 사람에 관한 이야기가 나옵니다. 그는 고기가 잡히면 큰 고기는 버리고 작은 고기만 남겼습니다. 남들은 큰 고기를 잡고 작은 고기를 버리는데 그는 큰 고기를 버리고 작은 고기만 잡으니까 옆에 있던 사람이 그 이유를 물었습니다, 그러자 낚시하던 사람이 대답했습니다. "제가 가지고 있는 프라이팬 지름이 20센티미터라서 그보다 큰 고기는 소용이 없습니다." 편견을 가지고 자기 필요를 채우지 않는다고 버리는 사람은 지혜로운 사람이 아닙니다. 예배의 다른 전통을 단순히 다른 전통이라는 이유로 받아들이지 못하고, 예배 순서가 달라서 어색하다며 한 가지 순서만 고집해서 다른 예배 순서에도 마음을 열지 못하는 것은 애석한 일입니다.

최근 저는 거의 매 주일 다른 교회에서 다양한 형태로 예배를 했습니다. 물론 아주 크게 다른 것은 아니지만 이머징 교회의 독특한 예배 방식부터 100년은 더 되었을 것 같은 전통적인 예배 방식까지, 백인들의 예배부터 흑인들의 예배, 중국 가정 교회의 예배까지 다양한 문화에서 다양한 방식과 순서로 예배를 했습니다.

예배
사색

처음에는 '여긴 좀 이상하다'라고 생각했는데, 그 생각조차도 그리 바람직하지 않다 싶었습니다. 같아야 할 이유는 없으니까요. 예배 순서나 예배 방식이 늘 같아야 할 이유도 없습니다. 그냥 순서, 순서에 마음이 담기면 좋겠습니다.

우리가 하는 예배 중에 혹시 "아버지가 기도하기 전에는 항상 고양이를 침대 다리에 묶어 놓길래 나도 기도하기 전에 고양이를 침대 다리에 묶어 놓는 겁니다. 다른 의미는 없어요"라고 말하는 순서는 없을까요? 단순히 다양함을 추구하거나 변화를 위한 변화 때문이 아니라 의미를 부여하고 마음이 담긴 예배를 하고 싶어서 자꾸 묻고 싶습니다. 아니, 교인들이 자꾸 물어 주면 좋겠습니다. 그건 왜 그렇게 하는 거냐고, 왜 헌금을 설교 전에 하느냐고, 아니면 왜 헌금을 설교 후에 하느냐고. 언제나 내가 원하는 방식으로 예배가 진행되어야 하는데 그러지 않음에 대한 불만을 표출하거나 내 방식대로 예배가 진행되도록 하기 위해서가 아닙니다. 예배를 인도하는 분이나 공동체 전체와 한마음으로 예배하기 위해서 묻는 질문이고, 아무 생각 없이 형식적인 행위의 반복으로 예배하지는 않겠다는, 굳어지려는 자신에 대한 저항입니다.

예배의 전통은 소중한 것입니다. 그렇기에 그 전통을 지키려고 애쓰는 것도 필요하지요. 세상이 바뀐다고 그 흐름에 따라 아무렇게나 전통을 버리는 것은 안타까운 일입니다. 그러나 이유도 모른 채 '전통을 위해 전통을 지키는 것' 역시 애석한 일입니다.

우리 자녀들에게 예배 중에 왜 성경 교독을 하는지, 왜 사도신경을 함께 고백하려고 하는지 알려 줄 수 있으면 좋겠습니다. 왜 어떤 교회는 시편만 고집하는지, 왜 일 년에 두 번만 성찬식을 하는지(혹은 왜 매주 성찬식을 하는지) 부모가 알려 줄 수 있으면 좋겠습니다. 축도는 누가 할 수 있는지 목사에게 물으면 좋겠습니다. 나중에라도 우리 자녀들이 "그냥 우리 아버지는 기도하기 전에 고양이를 묶어 두길래 나도 기도하기 전에 고양이를 묶어 둡니다. 그 이유는 모릅니다"라고 말하지 않기를 바랍니다.

예배
사색

깔끔한
예배 진행

어느 선교지에서 있었던 일입니다. 주일 아침에 어린이 프로그램이 한창 재미있게 진행되고 있는데, 한 여자아이가 들어오지 않고 밖에서 창문으로 안을 들여다보고 있었습니다. 선교사가 보고는 밖으로 나가 아이에게 들어오라고 청했습니다. 그러자 여자아이가 말했습니다. "아이들이 나를 놀릴 거예요." 왜 그렇게 생각하느냐고 물으니 "신발이 없어요"라고 대답합니다. 몹시 가난해서 신발이 없었던 것입니다. 괜찮으니까 들어오라고, 아무도 놀리지 않을 거라고 설득했지만 여자아이는 용기를 내지 못했습니다. 잠시 생각하던 선교사가 여자아이에게 기다리라고 하고는 안으로 들어가 아이들에게 말했습니다.

"우리 오늘은 재미있는 게임을 하기로 해요. 신발을 벗고 맨발로 하는 거니까 모두 신발을 벗으세요." 그러고는 나가서 여자아이에게 다시 청했습니다. 진정한 영접은 설득으로 되는 것이 아니라 낮아짐(하나 됨)으로 가능한 것입니다.

예수께서는 제자들에게 구제할 때 나팔을 불지 말라고 하셨습니다. 그러면서 오른손이 하는 일을 왼손이 모르게 하라고 하셨습니다(마 6:2, 3 참조). 이는 단순히 은밀하게 해야 상이 크다는 의미라기보다는 사람들에게 보이려 하지 말라는 의미이고, 더 나아가서는 다른 사람보다 내가 더 낫다는 자기 의를 경고하시는 의미입니다.

예수 당시에 예루살렘 성에는 구제 헌금을 할 수 있는 헌금함이 13개 있었는데, 헌금함 입구가 나팔 모양이었답니다. 당시에는 동전으로 헌금했을 테니까 누가 헌금을 많이 하면 "좌르르" 하고 헌금함에 돈 떨어지는 소리가 들려서 소리만으로도 누가 헌금을 많이 하는지 알 수 있었을 것입니다. 주님은 부자들이 헌금하는 것과 불쌍한 과부가 헌금하는 것을 주목해 보셨습니다. 부자들이 헌금할 때에는 동전 떨어지는 소리가 우렁차서 주변의 관심을 모았습니다. 그리고 과부가 동전 두 렙돈을 헌금할 때에는 동전 떨어지는 소리가 빈약해서 주변의 관심을 모았습니다. 이것은 의도적으로 사람들에게 의를 과시하도록 하기 위한(그래서 더 많이 헌금하도록 하기 위한) 불순한 제도적 문제였습니다.

예배
사색

누가 더 많이 헌금하는지 뻔히 알 수 있도록 만들어 놓고 헌금은 하나님에게 하는 것이니 사람을 의식하지 말라고 하는 것은 어불성설입니다. 헌금을 많이 한 순서대로 명단을 공개하면서 사람을 의식할 필요가 없다고 말하는 것은 모순입니다. 부자가 많은 교회에서 해외로 호화스러운 효도 관광을 떠나면서 돈이 없어서 못 가는 사람들에게 가지 못한다고 위축될 필요는 없다고 말하는 것은 애석한 일입니다. 휠체어를 탄 장애인은 접근이 힘들 정도로 계단을 많이 만들어 놓고 "우리 교회는 장애인들도 예배하는 것을 막지 않으니 원하는 사람은 누구나 오라"고 말하는 것은 정말 섭섭한 일입니다. 다들 신발을 신고 있으면서 신발을 신지 않은 한 사람에게 위축될 필요가 없다고 말하는 것보다는 다들 신발을 벗을 수 있는 용기와 배려가 훨씬 바람직합니다.

예수께서는 죽을 수밖에 없는 죄인들을 구원하기 위해 낮아지셨는데 우리의 예배에 어렵고 힘든 사람들이 불편을 느끼고 소외감을 느낀다면, 그 예배의 순서들이 얼마나 세련되었든 하나님이 원하시는 예배는 아니라고 확신합니다. 예배 순서가 세련되거나 고급스러우면 안 된다는 말이 아닙니다. 찬양대의 찬양이 항상 학예회 수준이고 예배 분위기는 늘 어수선해서 도떼기시장 같아야 한다는 말도 아닙니다. 저도 세련된 것이 좋고, 질서 있고 깔끔한 것이 좋습니다. 그런데 그 어떤 것도 사람보다 중요할 수는 없습니다. 질서와 수준을 유지하기 위해서 잘 갖추어지지 않은 사람을 제외시켜서는 안 된다는 말을 하고 싶은 것입니다.

가끔 큐 시트(cue sheet)를 만들어 예배를 진행하는 교회에 설교하러 갈 때가 있습니다. 1분 단위로 세분화해서 군더더기 없이 깔끔하게 예배를 진행하는 모습은 참 보기 좋습니다. 어떻게 그렇게 1분, 2분까지 지킬 수 있을까 신기하기도 하지만 효율적인 예배를 위해 필요하겠다는 데는 동의합니다. 제가 섬기던 교회에서도 그렇게 큐 시트를 만들어서 토요일 오전에 제게 가져오던 사역자가 계셨습니다. 저는 그분에게 가끔 말했습니다. "참 좋네요. 수고하셨습니다. 그런데 이대로 진행되지 않아도 너무 짜증내거나 사람들을 재촉하지는 말아 주세요." 제가 그렇게 말하기 때문에 예배 중에 진행자들이 실수가 많다고 말하는 분도 있었습니다. 하지만 불성실함에서 비롯된 상습적 실수가 아니라면 예배 도중 일어나는 사고나 실수는 문제되지 않습니다. 대부분의 교인이 그 정도는 개의치 않을 만큼 너그러움이 있다고 믿기 때문이고, 대부분의 실수는 그렇게 치명적이지 않기 때문입니다.

결혼식 주례를 하기 전에 예행연습을 합니다. 언제 누가 들어오고 어디에 서는지, 한 순서가 끝나고 다음 순서에는 어떤 음악이 연주되는지 연습합니다. 연습할 때는 신랑과 신부가 크게 긴장하지 않지만 결혼식 때에는 긴장을 하는 법입니다. 그래서 저는 연습을 마치면서 신랑과 신부에게 부탁합니다. "연습한 대로 매끄럽게 진행되면 좋겠지만 실수한다고 해도 대부분의 하객은

예배
사색

눈치조차 채지 못할 것입니다. 연습은 흐름을 알기 위해 필요한 것이지만 연습한 대로 해야 한다는 강박이 결혼식을 즐기지 못하게 할 수 있습니다. 이 자리에 오신 하객들은 신랑과 신부의 실수에 너그럽습니다." 결혼식에서 가장 중요한 것은 얼마나 매끄러웠는가가 아니라 신랑과 신부가 얼마나 의미 있는 시간을 보내는가입니다.

예배에서 매끄러운 진행보다 중요한 것은 그 자리에 동참한 사람들에 대한 배려와 관심입니다. 찬양을 잘 따라하지 못해도, 몸이 불편해서 설교 중에 왔다 갔다 하거나 기침을 해도, 예배를 어수선하게 만든다고 핀잔하기 전에 불편함을 살펴 드리는 것이 마땅합니다. 어떤 사람들이 어쩔 수 없이 소외될 수밖에 없는 예배 순서나 교회 사역이 있다면 당연히 제도적인 변화가 있어야 할 것이고, 혹 교인들이 실수한다 할지라도 너그러울 수 있는 배려가 있어야 합니다. 교인들도 진행자의 실수에 너그러울 수 있으면 좋겠습니다. 긴장한 사회자가 예배 중에 사도신경을 빠뜨려도 마치 사도신경을 믿지 않는 목사인 것처럼 비난하거나, 그래서 예배를 망쳤다고 말하기보다는 괜찮다고 말해 줄 수 있으면 좋겠습니다. 그날 사도신경을 하지 않아서 하나님이 예배를 받지 않으실 리는 없다고 확신합니다. 의도적인 불신이 아닌 실수니까요. 하나님은 그 중심을 아실 테니까요. 하나님은 완벽함을 원하시는 것이 아니라 진실함을 원하시니까요.

신발이 없어 망설이는 사람을 위해 모든 교우가 신발을 벗는 것은 "왜 한 사람을 위해 다수가 희생해야 하느냐"고 말하는 것보다 훨씬 더 예배 공동체에 합당한 모습입니다. 찬양을 부르는 중에 프로젝터가 작동하지 않고, 설교하는 중에 갑자기 마이크가 나오지 않아서 마이크를 바꾸느라 설교 흐름이 끊겨도 사실 그렇게 심각한 문제가 아닙니다. 그보다는 약자가 소외되고, 어려움이 있는 사람들을 불편하게 만드는 것이 훨씬 심각한 문제입니다. 깔끔한 진행에 대한 기대보다는 다른 사람의 실수에 너그러울 수 있는 배려가 예배 공동체에 격맞은 품격입니다. 약자들, 소외된 사람들, 실수한 사람들에 너그러울 수 있는 분위기의 예배가 그립습니다.

예배 여행

여행을 하다 보면 목적지에 도달할 때까지 내내 자는 사람이 있고, 계속 밖을 내다보는 사람이 있습니다. 여러분은 어떤 유형의 여행객인가요?

어느 책에서 읽었는지 기억이 나지는 않는데 기독교 작가 필립 얀시가 한번은 시카고에서 그랜드캐니언까지 버스로 여행한 적이 있었답니다. 처음에 버스에 오르면서 사람들은 서로 햇볕이 잘 들고 밖을 잘 내다볼 수 있는 자리를 잡으려고 했고, 그 자리를 차지하지 못한 사람들은 불평했습니다. 드디어 버스가 떠나 캔자스주의 밀밭을 지나고 콜로라도주의 산을 지나는데 감탄이 절로 나올 만한 절경이었습니다. 불평하던 사람들이 이해되었습니다.

하지만 불평하던 사람이나 운이 좋았다고 말하던 사람이나 상관없이 버스 안에 있던 대부분의 사람은 서로 잡담을 하거나 눈을 감고 있느라 창밖의 절경을 내다보지 않았습니다. 그들은 모두 목적지에 이르렀을 때 그랜드캐니언을 볼 생각만 하고 있었습니다. 필립 얀시는 몹시 안타까웠답니다. 관광 여행이란 단지 목적지를 보는 것이 아니라 집을 떠나서 돌아올 때까지의 과정이다 싶었기 때문입니다.

저는 여행을 좋아합니다. 특히 한국에서 여행할 때는 버스 타기를 좋아합니다. 워낙에 버스가 편해서이기도 하지만 창밖의 경치를 내다보는 즐거움 때문입니다. 오랫동안 조국을 떠나 있었기 때문인지는 몰라도 한국에 있는 나무, 산, 하천, 하늘, 특히 집들과 사람들이 모두 정겹습니다. 한국에 살기 때문인지는 몰라도 버스 안에 있는 사람들은 대부분 밖을 내다보기보다는 잠을 자거나 휴대전화를 들여다봅니다(이럴 때 밖을 내다보는 사람은 십중팔구 객지에서 온 사람입니다).

미국에서는 대륙 횡단을 두 번 했는데, 처음 할 때는 빨리 가는 게 목적이었기 때문에 사흘 반나절 걸렸습니다. 주로 밤에 운전했기 때문에 아무것도 보지 못했습니다. 두 번째 할 때는 아내와 함께했는데 8일이 걸렸습니다. 목적지에 빨리 도착하는 것보다는 여행을 즐기고 싶어서 여기저기 둘러 갔기 때문입니다. 여행 목적에 따라 여행 방식이 달라지기도 합니다. 목적지에 빨리 도착

예배
사색

하려면 시간이 중요해지고, 목적지에 이르는 과정을 즐기려면 경로가 중요해집니다.

(저는 개인적으로 바람직하지 않다고 생각하는데) 간혹 예배의 절정이 설교라고 생각하는 사람들이 있습니다. 그러니까 예배를 하러 왔다기보다는 설교를 들으러 온 것이고, 설교가 그랜드캐니언인 셈입니다. 예배에 끝까지 참여하도록 하기 위한 의도였는지, 아니면 정말로 그렇게 생각해서였는지는 몰라도 제가 학생 때는 축도가 예배에서 가장 중요한 부분으로 간주된 적도 있습니다. 축도를 받지 않으면 그날 예배가 헛것이 된다는 말도 들었고요. 목사에게 축복권이 있어서 목사를 통해 복이 흘러나간다고 생각하는 것도 개혁주의적인 이해가 아니지만, 축도를 예배의 마무리 정도로 생각하는 것도 마땅치는 않습니다. 다른 부분에는 관심을 가지지 않다가 원하는 부분에서만 정신을 차리는 것도 단순히 개인의 선호도라고 말하기에는 예배의 본질을 흐리는 것 같아서 아쉽습니다.

저는 예배는 여행이고 여정이라고 생각합니다. 다시 말하면 '했다'는 결과보다는 '하고 있다'는 과정이 소중한 행위입니다. 여행은 집을 떠나는 순간부터 집에 돌아오는 순간까지 모든 경험을 포함합니다. 가끔 가족 여행을 할 때는 설레는 마음으로 짐을 싸서 차에 싣습니다. 온 가족이 함께 차에 오르면 떠나기 전에 안전하고 즐거운 여행이 될 수 있기를 기도합니다. 그 순간에 여행이 시작된다고 생각하기 때문입니다.

　사실, 여행은 (경우에 따라 다를 수도 있겠지만) 다녀왔는가가 중요하지 않고, 보았는가가 중요하지 않습니다. 잠시 독일에서 살 때 루브르 박물관을 방문한 적이 있습니다. 도착하자마자 박물관의 거대함에 기가 질렸고, 수많은 사람으로 인한 복잡함에 짜증이 났습니다. 특히 <모나리자>가 있는 곳에는 사람이 엄청나게 많이 몰려 있어서 근처까지 가기는 했지만 저는 복도 벤치에 앉아 있고 아내만 다녀오도록 했습니다. 7시간 운전해서 프랑스 파리를 가는데 루브르 박물관을 한 시간 만에 보고, 에펠탑을 한 시간 만에 올라갔다 오고, 노트르담 대성당 주변을 차로 지나가면서 보고도 저는 파리에 다녀왔다고 말합니다. 마치 잠시라도 <모나리자>를 보았는가, 보지 않았는가가 여행의 질을 결정하는 것처럼 아쉬워합니다. 그곳 역사도 음미해 보고, 작품들도 좀 더 감상하며 느껴보고, 주변도 살펴보았더라면 여행다운 여행을 했겠다 싶습니다. 물론 독일 저희 집에서 파리까지 운전하고 지나간 길은 지루했다는 것 외에는 아무것도 기억나는 게 없습니다.

　(이런 예가 조심스럽기는 하지만) 설교가 그랜드캐니언이라면 찬양은 캔자스의 밀밭일 수 있습니다. 기도는 산과 숲이 어우러진 콜로라도의 절경일 수 있습니다. 광고 시간은 도시 분위기의 덴버일 수 있습니다. 지나는 곳곳에서 보내는 시간을 즐길 수 있다면 여행은 훨씬 풍성해질 수 있습니다.

예배
사색

더치 쉬츠(Dutch Sheet)라는 작가가 그의 책 「하나님의 타이밍을 포착하라」(*God's Timimg For Your Life*, 토기장이 역간)라는 책에서 유명한 해리 아이언사이드(Harry Ironside) 목사의 예화를 소개했습니다. 한번은 그가 한 콘퍼런스에 참석했는데 간식으로 비스킷이 나왔습니다. 비스킷이 몹시 맛있어서 과자를 구운 사람을 찾아 칭찬해 주고 싶었습니다. 비스킷을 만든 사람은 아이언사이드 목사의 칭찬에 이렇게 말했습니다. "밀가루도 맛이 없습니다. 베이킹파우더도, 쇼트닝도 그 자체는 맛이 없습니다. 하지만 그것들을 섞어 오븐에 넣으면 이렇게 맛있는 비스킷이 만들어집니다." 지루한 운전도, 밋밋해 보이던 거리 관광도, 고생만 한 명소 탐방도, 시간이 지나고 나면 함께 어우러져서 추억의 여행으로 기억됩니다.

여러분은 어떤 여행자입니까? 목적지에 도착할 때까지 잠을 자는 여행자입니까, 아니면 목적지에 이르는 과정을 즐기는 여행자입니까? 여러분은 어떤 예배자입니까? 예배 한 순서, 한 순서를 소중히 여기는 예배자입니까, 아니면 가장 원하는 순서에 이르기까지 나머지 순서들을 소홀히 여기는 예배자입니까? 예배는 마음에 감동을 주는 어느 한순간을 기다리며 나머지를 낭비하는 정체된 사건이 아니라 밋밋해 보이는 순서까지도 함께 어우러져 완성되는 여정입니다.

어떤 사람은 예배를 하다 보면 어느 한순간에 강력한 성령의 임재를 느끼게 된다고 말합니다. 저는 그 경험을 무시하지 않습니다. 정말 마음을 열게 하고 감동을 주는 한순간이 있습니다. 하지만 예배하는 사람이 단순히 그 순간만 기다리면서 예배한다면 많은 것을 잃게 됩니다. 뜻하지 않은 깨달음과 감동의 순간이 있는 것은 사실이지만, 그래서 그 순간 외의 모든 시간은 의미 없는 시간이었다 말할 수 없습니다.

요즘 코로나19로 두 달 남짓 가정에서 아내와 함께 온라인으로 예배를 했습니다. 여러분도 경험하셨는지 모르겠지만 온라인으로 예배를 하다 보면 (특히 생방송이 아닌 경우에는) 지루한 부분이 나오면 빨리 돌리고 싶은 충동이 생깁니다. 온라인으로 처음 방문하는 교회의 예배에서 기도 인도자가 기도할 때는 빨리 돌리고 싶은데 곁에 있는 아내가 중간 중간 "아멘", "아멘" 하고 반응합니다. 온라인이지만 아내는 예배는 과정이라고 생각하고 있음이 틀림없습니다. 예배에 들어가는 순간부터 예배를 마치고 나오는 순간까지 정성과 최선을 다하려는 자세가 중요합니다. 비록 마음에 들지 않는 순서가 있고, 답답한 순간이 있더라도 그 순서, 그 순간조차도 섞이고 어우러져서 예배를 이룬다는 자세로 예배에 임함이 마땅합니다.

예배
사색

설교의
유혹

존 파이퍼(John Piper) 목사는 「열방을
향해 가라」(*Let All Nations Be Glad*, 좋은씨앗 역간)라는 책에서 선교의
목적은 영혼 구원이 아니라 '하나님을 영화롭게 하는 것'이라고
했습니다. 듣기에 따라서는 약간 도발적이고 의아할 수 있는 주
장이지만 영혼 구원의 궁극적인 목적이 하나님을 영화롭게 하는
것이라면 영혼 구원과 하나님의 영광은 서로 대치되는 개념이 아
닙니다. 선교가 믿지 않는 사람들에게 복음을 전함으로 열방으로
하여금 하나님에게 경배하도록 하기 위함이라면 설교의 목적도
궁극적으로는 하나님을 예배하도록 하기 위함이라고 말할 수 있
습니다. 하지만 설교가 예배를 돕기보다는 방해가 될 수도 있는

데 이는 단순히 설교자가 예배하는 자가 아니라 예배를 받는 자가 될 수 있는 위험성 때문만이 아니라 설교를 잘해야겠다는 강박에서도 비롯될 수 있습니다.

저는 신학교에 있을 때부터 설교의 중요성에 관해 많은 이야기를 들었습니다. 목회의 성공은 설교에 달려 있다는 말도 많이 들었기 때문에 좋은 설교자가 되는 데 관심이 많았습니다. 그래서 예배를 하면서도, 예배를 준비하고 인도하면서도 저의 관심은 온통 설교에만 있었습니다. 설교에 성공하면 예배에 성공한 줄 알았습니다. 일주일 동안 가장 집중적으로 드린 기도도 설교를 잘하게 해달라는 기도였습니다. 예배를 인도하러 강단에 올라가기 전에도 실수하지 않고 교인들에게 은혜를 끼치는 설교를 할 수 있게 해달라고 기도했고, 대표 기도자가 기도하는 중에도 머릿속으로 설교 원고를 정리했습니다. 찬송하는 중에도 갑자기 기발한 아이디어가 떠오르면, 찬양대가 찬양을 하거나 기도 인도자가 기도하는 동안 재빨리 원고를 보완하기도 했습니다. 참 열정적인 설교자이지요? 그러고 나서 설교 시간이 되면 제가 준비한 대로 열심히 설교했습니다. 예배를 마치고 나오는 교인들이 제게 "목사님, 오늘 설교 완전 좋았어요", "감동적이었습니다"라는 말들을 전하면, 마치 예배의 성공을 알리는 말 같아서 하나님에게 감사했습니다. "하나님, 오늘도 저를 도우셔서 하나님 말씀을 잘 전할 수 있게 해주시고 교인들에게 은혜를 끼칠 수 있도록 해주

예배
사색

셔서 감사합니다."

아마 19세기 유럽의 목사들도 그랬나 봅니다. 덴마크 철학자 키르케고르는 이런 현대인들의 의식으로는 온전하게 예배할 수 없다고 했습니다. 그런 예배에서는 목사가 연기자이고 하나님은 연기자를 돕는 분이며 교인들은 판단자이기 때문에, 그것은 엄밀히 예배가 아닌 공연이라는 것입니다(나중에 C. S. 루이스도 키르케고르의 비유를 인용해서 같은 말을 했습니다). 제 경우가 그랬습니다. 저의 노력과 기도는 교인들에게 인정받기 위한 설교라는 연기를 하면서 하나님이 저를 도우셔서 교인들에게 인정받게 해달라고 한 것에 다름 아니었기 때문입니다. 저는 그 글을 접한 후에 마음을 고쳐먹기로 했습니다. 설교에 교회를 부흥시키고 사람들의 마음을 감동시킬 수 있는 능력이 있다고 하더라도 그 능력이 가진 위험을 알 만큼 지혜와 경험이 부족했음을 인정했기 때문입니다.

J. D. 그리어가 「오직 복음」(*Above All*, 생명의말씀사 역간)이라는 책에서 말한 대로 우리는 힘을 동경하면서도 그 힘의 위험에 대해서는 깊이 생각하지 않습니다. 하나님에게만 영광을 돌리라는 말이 얼마나 강력한 말인지는 알지만, 그 말을 하는 설교자야말로 그 영광을 가로챌 수 있는 가장 위험한 자리에 있음을 저는 몰랐고, 설교를 잘하게 해달라는 저의 간절한 기도 뒤에 있는 힘의 유혹을 눈치 채지 못한 것입니다. 폴 트립(Paul Tripp)은 「위험한 소명」(*Dangerous Calling*, 생명의말씀사 역간)이라는 책에서 설교자에게

는 연예인 의식이 있다고 했습니다. 연예인은 '인기'를 먹고 살고 설교자는 '인정'을 먹고 살기 때문입니다. 교인들의 인정 한마디가 설교자에게 큰 힘이 되는 것은 사실이지만(그래서 꼭 필요하다고 생각하지만) 그만큼 위험합니다.

그 후로 저는 의도적으로 설교를 위한 기도는 금요일 오전까지만 했습니다. 그리고 금요일 오후부터 주일 예배까지 저는 설교자가 되기보다는 예배자가 되게 해달라고 기도했습니다. 찬양 중에 떠오르는 생각들이 하나님의 영감일 수도 있지만 예배를 방해하는 마귀의 유혹일 수도 있음을 인정해서 대표 기도자가 기도하는 동안에는 기도에만 집중하려고 했고, 찬양을 하는 중에는 가사와 멜로디에 집중하려고 했습니다. 20년이 지난 지금까지도 그것은 굉장히 어려운 일임을 고백합니다.

키르케고르의 말처럼 예배가 예배 되기 위해서는 역할이 바뀌어야 합니다. 목사는 연기자가 아닌 돕는 자가 되어야 하고, 교인들은 재판관이 아닌 연기자가 되어야 합니다. "오늘 예배 참 좋았다"는 말은 하나님이 말씀하시도록 해야 합니다. 저는 설교를 통해 교인들이 하나님을 생각하고 예배할 수 있도록 돕는 역할을 해야 하고(성령의 역사하심에 순종함으로), 교인들은 찬양과 설교, 기도 등 모든 예배 순서를 통해 하나님을 예배하는 자들이 되어야 합니다. 예배를 받으시는 분은 오직 하나님뿐이어야 한다는 말입니다.

예배
사색

설교자는 설교를 통해 예배하는 자여야 하는데 설교에 대한 열망이 예배에 대한 열망과 분리될 때 설교자는 설교를 하나님 말씀과 동일시하게 되고 하나님의 말씀이 아닌 설교자의 권위를 드러내게 됩니다. 교인들이 제 설교를 통해 하나님의 임재를 느끼고, 하나님의 말씀을 들을 수 있어서 하나님에게만 예배하도록 하는 것이 제게 주어진 사명이고 사역입니다. 예배를 마치고 난 후에 교인들의 가슴속에 하나님의 사랑과 그리스도의 은혜가 남지 않고 설교의 논리와 목사의 언변이 남는다면 그 설교는 절대로 잘한 설교가 아닙니다.

저는 설교 잘하는 목사가 되려는 후배들에게 종종 부탁합니다. 좋은 설교자가 되려는 열정은 순수한 만큼 위험한 것이니 설교를 해야 하는 매 순간 설교자가 아닌 예배자로서의 위치를 잊지 말고 열정을 유지하라고 말입니다. 하나님을 영화롭게 하며 예배하겠다는 마음이 간절하지 않다면 좋은 설교자가 되려고 하지 말라고 부탁합니다. 그런 경우, 좋은 설교는 독이기 때문입니다. 설교를 잘하려는 열정은(그 자체가 나쁜 것은 아니라는 말에 숨겨져 있는 야망을 볼 수 있기를 바랍니다) 자칫 교인들을 C. S. 루이스가 말한 대로 피고석이 아닌 재판관석에 앉도록 만들 수 있습니다.

저는 설교를 위해 존재하는 사람이 아니라 예배를 위해 존재하는 사람입니다. 교인들의 예배를 돕는 최선의 길은 제가 예배자임을 인정하는 것입니다. 설교자는 세련되고 열정적으로 설교하고, 찬양 인도자들은 뜨겁고 완벽하게 최선을 다해 찬양을 인도해서 참석자들을 만족케 하는 최고의 질을 가진 예배를 추구하지만, 거기에 하나님을 영화롭게 하려는 진실한 마음이 없다면 그것은 예배가 아닌 공연에 지나지 않을 뿐입니다. 설교가 예배의 한 부분이라면 설교자는 설교가 아닌 예배를 위해 그 자리에 있어야 합니다. 예배에서 설교가 차지하는 중요성이나, 설교자의 위치 때문에 설교자는 설교가 예배에 얼마나 큰 방해가 될 수 있는지를 깊이 인식해서 신중하고 겸손하게 그 자리에 서야 합니다. 목사에게 진심으로 하나님을 높이고 싶다는 마음이 없다면 설교를 통해 온 회중이 하나님을 높이는 모습을 보고 싶다는 말은 위선일 수 있습니다. 예배함에 있어서 설교자에게는 설교가 가장 큰 유혹이고, 저는 매우 자주 그 유혹을 이기지 못했음을 고백합니다.

예배
사색

목사가 아니라
주님입니다

한 여인을 좋아하는 청년이 있었습니다. 그런데 그 여인은 이 청년에게 관심이 없었습니다. 여인의 마음을 움직이기 위해 청년은 자신의 마음을 전하는 편지를 썼습니다(요즘 같으면 이런 편지를 쓰지 않겠지만 옛날에는 그랬습니다). 하지만 여인은 꿈쩍도 하지 않았습니다. 청년은 매일 편지를 보내 구애했습니다. 어느 날은 편지를 세 통씩 보내기도 해서 그 청년이 여인에게 보낸 편지가 700통에 이르렀습니다. 마침내 이 여인의 마음이 열렸습니다. 그런데 여인이 마음을 연 상대는 편지를 보낸 청년이 아니라 편지를 전달해 준 우편배달원이었습니다. 사랑한다는 고백을 한 청년이 아닌 엉뚱한 사람을 사랑하게 된 것입니다. 조금은 진부한 이야기지만 오늘날 목사와 교인의 관계를 아주 잘 설명해 주는 이야기인 것 같아서 마음이 씁쓸합니다.

제 손녀는 여섯 살입니다. 아이에게 엄마가 좋은지 할아버지가 좋은지 물으면 어김없이 엄마가 좋다고 말합니다. 누구와 비교해도 엄마가 가장 좋습니다. 그런데 그런 비교 끝에 항상 붙이는 말이 있습니다. "그래도 하나님이 최고로 좋아요." 신자로서 그런 손녀의 대답이 더없이 좋고 자랑스럽지만 사실 부모와 하나님은 비교 대상이 아니기 때문에 누구를 더 사랑한다는 말 자체가 성립되지 않습니다, 제 손녀의 대답을 들으면서 저는 '저 아이가 저 말의 의미를 알고 하는 대답일까' 궁금하기도 했습니다.

엄마보다 하나님을 더 사랑한다는 말이 무슨 의미일까요? 하나님이 자기를 위해 어떤 일을 하셨는지, 자신의 인생에 하나님이 어떤 의미인지 알고 하는 대답은 아닐 테니 하나님은 언제나 최고라는 것은 주입식 교육에 의해 아이 뇌리에 새겨진 전제일지도 모릅니다(물론 그러니까 아이들은 주님의 사랑을 알 수 없다든지, 주님을 사랑할 수 없다는 의미는 아닙니다). 사실 자녀 양육과 교육의 궁극적인 목적은 자녀들로 하여금 하나님을 가장 사랑하며 섬기도록 하는 것이고 부모의 역할이 청지기적이라면 유아기의 주입식 교육 자체가 문제될 것은 없다 싶습니다.

아이들은 부모와 훨씬 많은 시간을 보내고 부모에게서 실제적인 사랑을 경험하고 있으니까 하나님을 가장 사랑한다는 말은 아주 추상적인 말일 수도 있고, 그런 것을 유아의 순수한 사랑이라고 부를 수 있을지도 모르겠습니다. 부모를 통해 하나님의 사랑을 경험해서 하나님을 사랑하게 된다고 긍정적으로 말할 수도 있습니다. 하지만 아직은 하나님을 사랑한다는 것이 그냥 말뿐일 수도 있습니다. 하나님과의 인격적이고 친밀한 관계가 만들어지지 않았다면 말입니다. 스스로 경험하고 사고하고 결단해서 만들어진 관계가 아니라면 하나님을 사랑한다는 말은 자식이 부모를 사랑하는 일종의 표현 방식에 지나지 않을 뿐입니다.

제가 조금은 극단적이다 싶은 이 이야기를 하는 이유는 목사와 교인의 관계도 그와 같다고 여겨질 때가 많기 때문입니다. 저는 목사에게 실망해서 하나님을 떠난 사람을 참 많이 만났습니다. 그토록 헌신적이던 사람들이 목사가 임지를 떠나고 난 후에 성경 공부는 고사하고 예배에도 잘 참석하지 않는 것을 많이 보았습니다. 목사를 믿은 것도 아닌데 왜 목사 때문에 하나님을 떠날까 의아하면서도 이해가 아주 안 되는 것은 아닙니다. 하나님의 사랑을 전달하는 전달자에게서 하나님의 사랑을 보고 느꼈다면, 목사와의 관계가 하나님과의 관계에 지대한 영향을 줄 수 있을 테니까요. 목사를 믿는 게 아니라 하나님을 믿는 것이라고 말하지만, 그래도 보이는 게 목사니까 어쩔 수 없이 목사를 많이 의존하게 되는 것도 이해된다는 말입니다. 하지만 그렇기에 가장 경계해야 할 점이라는 사실도 잊지 말아야 합니다. 편지를 보낸 사람이 아니라 편지를 전달하는 사람과 사랑에 빠지는 것은 구애자로서는 배신감마저 느끼게 만들 수 있지만 충분히 가능한 일이기 때문에 전달자가 편지의 내용을 가지고 편지를 받는 사람의 마음을 빼앗아서는 안 되는 것이지요.

한번은 요한복음에서 세례 요한이 자신은 그분의 신발 끈을 풀기도 감당하지 못하겠다고 하면서 오직 예수님만 가리킨 내용을 설교하면서 설교하는 목사가 아니라 주님만을 보아야 한다고 전했습니다. 오늘 예배를 마친 후에 목사의 설교가 아니라 예수님의 말씀을 마음에 품고, 설교한 목사가 아닌 예수님을 기억하자고 했습니다. 교인들은 저의 그 설교를 많이 좋아했습니다. (평신도로 오래 섬기다가 나중에 목사가 된 어느 분의 말에 따르면) 원래 교인들은 목사의 피를 보아야 좋아하는 법이니까, 목사가 자기를 부인하고 자신의 허물을 인정할 때 교인들은 그 목사를 더욱 존경하게 되는 거니까 그런 설교는 전략적으로 저에게 많이 유리합니다. 제 설교를 들은 교인들이 이렇게 말했답니다. "저렇게 열정적으로 자기를 부인하고 예수님만 전하는 목사를 본 적 있어?"

심각한 문제는 제가 그런 관계를 은근히 즐기고 있다는 사실입니다. 말로는 자신이 우편배달원에 불과하다고 외치지만 인정을 먹고 사는 목사라는 직업의 특성상 교인들의 관심이 싫지 않습니다. '내가 아닌 예수'라는 세례 요한의 말을 가지고 설교하면서도 그렇게 말하는 저를 인정해 주기를 바라는 마음이 있습니다. 자기중심적일 수밖에 없는 인간으로 어쩔 수 없다 싶기는 하지만, 자기를 부인하는 것이 제자로 살아가는 삶의 모습이라면 이 부분은 설교자에게 결코 가볍게 여길 수 없는 영적 전쟁터임이 틀림없습니다.

사람이니까 그럴 수 있다고 말하면 안 됩니다. 절대로 그러면 안 된다고 말해야 합니다. (비록 그 자체가 나쁜 것은 아닐지라도) 그것이 주님을 향한 마음과 시선에 장애가 된다면 교인들의 인정을 받는 것이 나쁜 것은 아니라고 말해서는 안 됩니다. 교인들의 인정을 받는 것과 (우편배달원으로서) 교인들과 사랑에 빠지는 것은 아주 다른 것이라고 말해야 합니다. 마치 하나님의 경쟁 상대라도 되는 듯이 말로는 하나님이 최고라고 말하면서도 교인들이 자기에게 의존하기를 은근하게라도 기대해서는 안 됩니다. "내가 진정으로 예배자로 선다면 설교하는 내 역할은 우편배달원의 역할일 뿐이라서 제발 교인들이 예수님이 보내신 편지를 보고 마음이 설레면 좋겠다"는 진실함이 없다면 아무 생각 없이 그냥 열심히 잘하자는 것조차 무의식적인 흑심임을 인정해야 할 것입니다. 그곳은 영적인 싸움터이기 때문입니다.

목사가 시험에 들지 않도록 교인들이 도와주면 정말 고맙겠습니다. 편지는 제대로 읽지도 않고 목사에게 필요 이상의 관심을 가지는 것은 목사를 넘어뜨리는 것입니다. 물론 그러니까 설교에 기대감을 갖지 말라는 말이 아닙니다. 기다리는 우편물이 있는 것처럼 우편배달원을 기다리고, 제 시간에 찾아와 주는 우편배달원이 매우 고맙기는 하지만, 우편배달원에게 줄 수 있는 기쁨이자 보람은 설렘으로 편지를 받자마자 읽으면서 함박웃음을 짓는 모습입니다.

매 주일 예수만 보면 좋겠습니다. 설교와 찬양을 통해 주님을 만남이 좋아서 목사에게 "오늘도 수고했습니다, 고맙습니다" 인사하면서도 집으로 돌아가는 마음속에는 온통 그날 들은 주님의 소식만 가득 차 있으면 좋겠습니다. 목사는 우편배달원일 뿐입니다, 그 수고가 고마워서 밥이라도 한 번 사주고 싶지만 그런 마음이 드는 것은 바로 그 편지 때문입니다. 편지 없이 찾아와 보이는 친절은 시간이 지날수록 부담스러울 뿐입니다.

예배
사색

칭찬과
정당한 반응

필립 존슨(Philip Johnson) 목사는 1969
년에 안수를 받았습니다. 그가 안수를 받고 처음 한 사역은 그가
있던 도시의 주변 마을에 설교자 없이 흩어져 있는 교회 열 곳을
돌아보는 것이었습니다. 그렇게 순회 설교를 하는 첫 번째 사역
지로 아주 작은 마을에 있는 가장 작은 교회를 방문했습니다.

눈이 많이 오는 날이었는데 60여 킬로미터를 운전해서 교회에
도착했습니다. 눈이 많이 온 날이라 교인들은 거의 참석하지 못
했고 30여 킬로미터를 운전해서 왔다는 어부 한 사람만 예배당에
앉아 있었습니다. 막상 예배를 인도하기 위해서 강단에 섰는데
맥이 빠지고 화가 났습니다. 안수를 받고 처음으로 하는 설교인

데 한 명을 놓고 설교해야 한다는 게 얼마나 맥 빠지는 일이었겠습니까? 그냥 갈까 하다가 운전하고 간 60여 킬로미터가 아까워서 마치 수백 명이 모인 것처럼 준비한 대로 설교를 했습니다. 그는 설교하는 동안 한 번도 그 교인을 쳐다보지 않았답니다. 쳐다보면 기운이 빠질 것 같아서 말이죠. 그런데 예배를 마치고 나가면서 그 어부가 문 앞에서 말했습니다. "저는 기독교인이 되어야 할지 지난 30년 동안 망설였습니다. 그런데 오늘 주님을 영접하기로 했습니다."

여러분이 어느 주일에 설교가 전혀 마음에 와닿지 않아서 괜히 왔다 싶고 짜증이 났는데, 그날 예배에 참석한 어느 분이 그 공동체 예배와 설교로 인하여 인생의 중대한 결정을 했다고 간증한다면 그와 같은 복된 자리에 동참할 수 있었다는 사실만으로 기뻐할 수 있겠습니까? 예배를 인도하는 사람에게 힘과 위로가 되는 것은 진심으로 예배하는 한 사람의 모습입니다. 저 자신도 몹시 피곤하고 힘들게 한 주간을 보내고 예배를 인도할 때, 저와 비슷하게 지쳐 있어서 무표정한 얼굴로 예배하는 대부분의 교인을 보면 기운이 빠지기도 합니다. 그러면 안 되는 줄 알면서도 사람들의 무관심과 무반응에 어쩔 수 없이 낙심됩니다. 찬송할 때도 기운이 없고, 설교를 들으면서도 내내 고개를 숙이고 있거나 눈을 감고 있는 교인들을 보는 게 겁이 날 때가 있습니다. 그런 모습이 잘못되어서가 아니라 무슨 생각을 하고 있는지 알 수가 없어

예배
사색

서 밀려드는 두려움입니다. 그럴 때 초롱초롱한 눈으로 제 설교를 듣고, 열정적으로 찬송을 부르는 한 교인의 모습이 얼마나 큰 힘이 되는지 모릅니다. 마치 그 한 사람을 위해 온 마음을 쏟듯이 설교할 수도 있습니다. 그 한 사람의 모습을 통해서 제가 그곳에 있는 존재와 소명의 의미를 확인한다고 말하면 지나치게 거창한 것일까요?

팀 한셀(Tim Hansel)은 「거룩한 땀방울」(Holy Sweat)이라는 그의 책에서 1940년대에 유명했던 연예인인 지미 듀란테(Jimmy Durante)의 일화를 소개했습니다. 한번은 2차 세계 대전 중에 많이 지쳐 있는 군인들을 위해 위문 공연을 해달라는 부탁을 받았습니다. 일정이 꽉 차서 길게 할 수는 없고 5분 정도 스탠드 업 코미디 (stand up comedy)를 하기로 했습니다. 그런데 무대에 오른 그는 15분, 20분, 30분을 넘겨 공연을 했습니다. 한 번도 그런 일이 없었기 때문에 매니저를 비롯한 동행자들이 당황했습니다. 그가 인사를 하고 내려왔을 때 어쩐 일인가 물었습니다. "앞자리 보셨습니까? 왼손을 잃은 사람과 오른손을 잃은 사람이 앉아서 제가 말할 때마다 서로 남은 손으로 박수를 치며 환호하는데 제가 어떻게 대충 하고 내려올 수 있겠습니까?" 2014년 베스트셀러 중에 「칭찬은 고래도 춤추게 한다」(Whale Done!: The Power of Positive Relationships, 21세기북스 역간)라는 책이 있었지요? 긍정적인 말 한마디, 행동 하나가 다른 사람에게 큰 에너지를 줄 수 있습니다.

저는 어릴 적부터 칭찬은 고래도 춤추게 하는 것이 아니라 경건한 사람도 교만하게 만든다는 분위기에서 자라고 배웠습니다. 청년 때에도 교인들끼리 "목사는 자꾸 칭찬해 주면 버릇이 나빠진다"고 말하는 것을 들었고, 목회를 시작한 다음에도 칭찬에 아주 인색한 보수적인 교회에서 사역한 터라 목회를 하면서 목사에게 칭찬은 독이라고 생각했습니다.

사실 제 세대는 칭찬에 인색하고 어색한 세대입니다. 누가 좋았다고 말해 주면 지금도 어떻게 반응해야 할지, 뭐라고 말해야 할지 몰라서 칭찬이 어색하고 부담스럽습니다. 고맙다고 해야 할지, 아니라고 해야 할지, 하나님에게만 영광을 돌리라고 해야 할지 잘 모르겠습니다. 요즘은 칭찬을 들으면 고맙다고 말하지만 억지로라도 그 칭찬을 마음에 두지 않으려고 합니다. 그러나 목사들은 그들이 하는 일의 성격상 교인들의 인정을 먹으며 살아야 하는 사람들이기 때문에 마치 칭찬이 사역의 성공과 실패를 가르는 결정적인 요소인 양 생각하는 유혹과 항상 싸워야 하면서도 그런 반응들이 고마운 것은 사실입니다.

굳이 나눈다면 저는 칭찬과 정당한 반응을 구분하고 싶습니다. 사람들의 반응은 하나도 중요하지 않고 하나님만 바라보고 목회를 한다는 말을 최고의 경건으로 여기는 경향이 있었지만(지나치게 사람의 인정에 의존하는 요즘에는 필요하겠다 싶기도 합니다) 사람을 상대로 하면서 사람의 반응에 무심할 수는 없습니다. 설교

예배
사색

자는 부정적이든 긍정적이든 자신의 설교에 교인들이 반응해 주기를 기대합니다. 찬양을 인도하는 사람들은 교인들이 함께 찬양을 불러 주기를 기대합니다. 기도를 인도하는 사람은 그의 기도에 교인들이 공감해 주기를 기대합니다. 그래서 "아멘" 소리가 고맙고, 찬양 중에 눈을 감거나 손을 올리는 사람들을 주목합니다. 내가 인정받았다는 사실 때문이 아니라 하나님과 소통했다는 사실 때문입니다. 그들이 고마운 것은 나를 인정해 주어서가 아니라 나와 공감해 주어서입니다. 이 둘의 차이가 미묘해서 항상 긴장을 요구하는 것은 사실이더라도 교인들의 반응을 기대하는 것을, 그리고 교인들이 반응을 보여 주는 것을 언제나 (그릇된 의미에서) 인간적인 것으로 치부할 일은 아닙니다.

사역자의 길이 쉽지 않기에 사역자는 항상 존재의 의미와 소명의 확인이 필요합니다. 지금 하고 있는 일이 하나님이 기뻐하시는 일이라는 마음의 확신을 성령께서 주시기도 합니다. 사역에서의 풍성한 결과들이 소명을 확인시키기도 합니다. 마음에는 끊임없이 소명에 대한 갈등이 있고, 사역 결과도 눈에 보이지 않을 때 교인들의 반응을 통해서 소명을 확인하기도 합니다. 환경 탓이라고 해도 미미한 숫자만 참석한 예배 현장에서 "과연 하나님이 나를 설교자로 부르셨는가?" 하고 의심과 낙심이 교차할 때, 단 한 명이라도 "오늘 설교를 통해 예수님을 나의 구주로 영접했습니다"라고 말해 주면 하나님이 나를 사용하시고 있다는 사실로 다시 가슴이 뜁니다. 초점 없는 눈으로 가사만 읊조리는 듯한 교인들의 모습을 보며 자신의 무기력함과 싸우다가도 얼굴에 생기가 가득해서 진심으로 반응하는 듯한 한 교인의 모습에 다시 얻는 용기와 위로의 실체는 단순히 사람들의 칭찬이나 인정이 아닌 하나님을 향한 공감이었음에 말할 수 없는 기쁨이 몰려옵니다.

　저는 교인들이 예배 중에, 제 설교에 반응해 주기를 기대합니다. 좋았든 싫었든 반응이 있어서 그 예배가 죽은 예배가 아니라 살아 있는 예배임을 확인하고 싶습니다. 그래서 손을 드는 사람도 고맙고, "아멘"이라고 해주는 사람도 고맙고, 설교 중에 저를 주목해 주는 사람도 고맙습니다. 물론 그 반응을 저에 대한 인정으로 받아들이지 않기 위한 영적 싸움은 제 몫으로 남아 있을 것입니다.

예배
사색

하나님과
어떤 사이입니까?

프랑스의 유명한 사상가인 볼테르 (Voltaire)는 잘 알려진 무신론자입니다. 그가 얼마나 철저한 불신 자였는지를 보여 주는 예들은 이미 많은 사람에게 알려져 있습니 다. 그중 한 일화를 소개해 드립니다.

하루는 볼테르가 파리의 어느 거리를 친구와 함께 걷고 있었 는데, 한 행사를 하는 교회 앞을 지나게 되었답니다. 커다란 십자 가를 세우고 교인들이 행진하는 행사였습니다. 볼테르는 십자가 가 자기 앞을 지나갈 때 모자를 벗고 고개를 숙여 십자가에 인사 를 했습니다. 볼테르가 무신론자인 것을 잘 알고 있던 친구는 평 소답지 않은 그의 모습에 놀라서 물었습니다. "자네, 이제 예수를 믿기로 했나?" 그러자 볼테르가 대답했습니다. "아닐세. 우리가 말을 섞을 만큼 친하지는 않지만 인사는 하고 지내는 사이라네." 어쩌면 고개를 숙인 그의 모습은 존경의 표시가 아니라 자신의 무신론적인 입장의 표시였다고 볼 수 있습니다.

예배자로서 제게 가장 힘든 일 중 하나는 하나님의 임재에 대한 영적인 민감함을 항상 유지하는 일이었습니다. 솔직히 설교를 준비하는 일이 일상의 습관이 된 후에는 매주 그럭저럭 할 수 있었습니다. 월요일에는 성경 본문을 여러 번 읽고 묵상하고, 화요일에는 본문을 공부하고, 수요일에 원고를 작성하는 일은 오히려 그렇게 하지 않으면 불안할 만큼 수십 년 동안 해온 일입니다. 하나님의 임재를 느끼지 못하면서 습관적으로 뭔가를 할 수 있음이 매우 불편하던 때도 있었지만, 그렇다고 해서 설교를 멈출 용기는 없었습니다. 그러다가 제가 위기를 느끼는 순간은 하나님과의 관계가 서먹해져 있음을 느끼게 되는 어떤 사건을 만날 때였습니다. 환경이나 상황의 갑작스런 변화가 서서히 무디어져 가는 저를 깨우는 경우입니다.

지금은 장성해서 그렇지 않지만 아이들이 사춘기일 때는 마치 '인사는 하고 지내는' 사이인 것처럼 저를 대하는 것 같아서 마음이 아팠던 경험이 있습니다. 함께 식탁에 앉았지만 아무 말도 하지 않고 음식만 먹는다든지, 어떻게 지내는지 물어도 눈도 마주치지 않은 채 단답식으로만 대답할 때는 부모와 자식의 관계가

예배
사색

아닌, 서로 인사 정도만 하고 지내는 사이인 것 같아서 몹시 아쉬웠습니다. 공부도 열심히 하고, 친구 관계도 좋고, 의욕적인데 저에게만 어색한 것 같았습니다. 물론 제게 불만이 있거나 못마땅해서 그랬던 것은 아닙니다. 그냥 그 시기에는 부모에게 마음을 열어 삶을 나누고 함께 공간과 시간을 공유하는 것이 어색했기 때문일 수도 있고, 아이들이 저에게만 의존하고 따르던 어릴 적 시절에 대한 저의 어설픈 향수 때문일 수도 있습니다. 그런데 그렇게 어색한 상태가 한때 지나가는 일이 아니라 원망이나 무관심의 관계로 굳어져 버리는 것은 매우 답답하고 애석한 일입니다.

저는 예배를 하면서 하나님에게 원망이나 불평이 있어서 성의 없이 예배한 적은 거의 없는 것 같습니다(불평이나 원망이 있으면 예배가 더 진지해질 것 같기도 합니다). 하지만 관계가 시들해져서 성의 없이 예배드린 적은 많습니다. 저와 하나님의 인격적인 관계는 틀림없이 그냥 인사만 하고 지내는 사이가 아닌데, 그분은 내 모든 것을 받기에 합당한 분이고 내 모든 것을 드려서 예배하고 싶은 분인데 때로는 저의 피곤한 심신이, 때로는 죄로 인한 불편한 심기가, 때로는 짓누르는 환경적인 요소들이 예배를 모자를 벗고 고개 숙여 예를 갖추는 정도의 행위로 만들기도 합니다. 돌아보면 하나님에게는 진심으로 죄송한 모습입니다.

설교자의 함정은 언제나 청중 앞에 서야 하기 때문에 이런 서먹한 관계를 감추어야 한다는 것이고, 감출 수 있다는 것입니다.

그 빈 공간을 채워 주고 그 서먹한 관계를 감출 수 있게 해주는 것이 교인들의 인정입니다. 그 반대일 수도 있겠네요. 하나님과의 관계가 서먹한 상태에서 설교를 하다 보면 교인들의 인정에 더욱 의존하게 되기도 합니다. 회중은 하나님과의 관계가 인사는 하고 지내는 사이처럼 서먹해질 수 있지만 설교자는 그렇지 않다는 고정관념은 설교자를 정직하지 못하게 만듭니다. 절대로 그러면 안 된다는 고정된 관념은 거짓을 은폐하게 만들고 가면을 써서 위장하게 만드는 경향이 있으니까요. 그래서 저를 비롯한 많은 설교자가 자신이 가면을 쓰고 있다는 생각을 하는지도 모릅니다.

저는 설교자도 완벽할 수 없고, 설교한 대로 살 수 없다는 한계로 인한 싸움을 말하는 것이 아닙니다. 은혜를 받았어도 하나님의 원하심을 따라 살지 못해 늘 쓰러짐은 누구나 인정합니다. 설교자는 자신이 지킬 수 있는 것을 말하는 사람이 아니라 지켜야 할 것과 지키고 싶은 것을 말하는 사람임도 인정합니다. 설교자들이 느끼는 위선은 단순히 무능함에서 비롯되는 것이 아니라 하나님의 임재 앞에서 살아 내지 못하는 관계의 어색함에서 비롯됩니다.

마음은 그렇지 않은데 부모를 대하는 사춘기 청소년의 어색함이 가장 적나라하게 나타나는 곳이 예배입니다. 저는 설교를 하면서 그런 어색함을 종종 경험했기에 제 기도는 그 어색함이 고질화되지 않도록 하는 것이었습니다. 폴 브랜드(Paul Brand)가 「아

예배
사색

무도 원하지 않는 선물」(*The Gift of Pain*, 비아토르 역간)에서 말한 것처럼 통증보다 무서운 것이 무통입니다. 저는 예배를 하면서 모자를 벗고 고개 숙여 예를 표하는 정도의 행위가 아니라 진정으로 그분을 높이고 그 은혜에 감사하고 싶었습니다. 마음 중심에 있는 열망을 끌어내어 진심으로 하나님을 "아버지"라고 부르고 싶었고, 진심으로 하나님을 "나의 하나님"이라고 부르고 싶었습니다. 그리고 제가 설교를 해야 한다는 의무가 이 예배의 열망에 방해가 되지 않기를 바랐습니다. 하지만 돌아보면 하나님과 서먹한 채 인사만 하고 온 무심한 시간이 참 많은 것 같습니다.

예배하기 위해 모인 사람들 중에는 일주일 동안 하나님과 아주 친밀한 관계를 유지하다가 나온 사람도 있고, 예배가 서먹할 만큼 하나님과 소원한 사람도 있습니다. 그러나 예수를 그리스도라 고백하고, 그분이 우리 죄를 용서하시고 하나님의 자녀로 삼으시기 위해서 십자가에서 죽으심으로 새 생명을 얻었다고 고백하는 사람이 하나님과 '인사는 하고 지내는' 사이인 것처럼 어색한 마음으로 예배 자리에 참석할 수는 없습니다. 예배 자리는 하나님의 임재를 가장 공공연히 고백하며 드러내는 자리입니다. 한주 동안 정신없이 살다가 예배 자리에 온 사람들이 그 한 주를 어떻게 살았든 하나님은 인사는 하고 지내는 어색한 분이 아니라 가장 친밀한 분이라는 관계를 회복하는 자리입니다. 아니, 비록 일주일 동안 아주 어색한 관계로 살았다 하더라도 예배를 통한 친절한 하나님의 청함에 무뚝뚝하게 반응해서는 안 됩니다. 특히 설교자들은 예배에 들어가면서 하나님은 나에게 어떤 분인지를 묵상하고, 설교할 원고가 아닌 그 원고가 가리키고 있는 주 예수 그리스도에 대한 진실한 고백을 확인해야 합니다.

매주 반복하는 행위, 똑같은 내용의 이야기를 나누더라도 바로 그 관계 때문에 만남이 즐겁고 편안한 사이! 주님과 우리는 그런 사이입니다. 좀 더 정확하게 말하자면 주님은 언제나 그런 관계를 원하십니다. 비록 우리가 죄를 많이 짓고 불편한 마음으로 주님 앞에 나오 주일이라 할지라도 말입니다,

예배
사색

영양실조와
영적 거식증

　　　　　　오래전에 미국 CBS 라디오에서 소개
한 이야기입니다. 플로리다주 웨스트 팜비치에서 71세 된 한 여인
이 죽었습니다. 혼자 외롭게 살던 분인데, 이웃에 사는 사람들도
며칠이 지난 후에야 그가 죽은 것을 발견했습니다. 사인은 영양
실조였습니다. 당시 그 여인의 체중은 23킬로그램이었습니다. 나
중에 그 집에 들어가 조사하던 사람들은 충격을 받았습니다. 집
안이 매우 더럽고 물건들이 마구 어질러져 있었기 때문입니다.
구걸해서 받은 음식쓰레기들과 구제 단체에서 얻어 온 것 같은
허름한 옷들이 곳곳에 어질러져 있었습니다. 이웃들이 아무런 관
심도 보이지 않아서 영양실조로 죽은 불쌍한 여인이었습니다.

그런데 그 여인의 불쌍한 삶보다 더 충격적인 일이 있었습니다. 더럽고 남루한 유품들을 정리하던 중에 인근 은행의 안전 금고 열쇠 두 개를 발견한 것입니다. 은행에 가서 확인해 보았더니 금고 하나에는 700개의 AT&T 전화 회사 주식 증서, 채권 증서, 현금 20만 달러가 들어 있었고, 다른 금고에는 현금만 60만 달러가 들어 있었습니다. 그 여인이 이 안전 금고의 실체를 몰랐다거나 기억할 수 없었다면 모를까 그의 비참한 삶이 설명되지 않는 상황이었습니다.

기식증으로 많이 아파서 정신 병원에 입원한 한 자매를 만난 적이 있습니다. 영양실조인데도 본인은 배가 부르다고 생각했고, 너무 살이 쪄서 먹으면 안 된다고 생각했습니다. 거식증이란 몸무게를 줄이고 살을 빼겠다는 욕구가 지나치게 강하면 생길 수 있는, 혹은 입맛을 잃어버려서 생길 수 있는 정신적 질환이라고 합니다. 그것이 상처에 의한 것이든, 욕심에 의한 것이든 어떤 것에 대한 지나친 집착은 정서적 혹은 육체적 질서를 파괴하고 삶을 피폐하게 만들 수 있습니다. 문제는 그 집착 때문에 본인은 피폐함을 느낄 수 없다는 것입니다.

예수 당시 종교인들 중에는 예수의 말씀을 들으면서 궁금함이 생기고 배고픔을 느낀 사람도 있었습니다. 하지만 그들은 기존의 힘과 질서를 유지하기 위해서 의도적으로 예수를 부인했습니다. 영적인 굶주림을 인정했지만 먹지 않기로 한 것입니다. 또 어

예배
사색

떤 사람들은 예수의 말씀을 들으면서도 아무것도 느끼지 못했습니다. 그토록 메시아를 기다린다고 하면서도 예수께서 메시아일지 모른다는 의심조차 하지 않았습니다. 예수께서 메시아인가 아닌가가 중요한 것이 아니라 예수는 메시아가 아니어야 했습니다. 이들은 영적 거식증에 걸린 사람들이었다고 볼 수 있습니다.

어떤 분은 이런 이들을 감각을 잃어버린 영적 나병에 걸린 사람이라고 부르기도 하지요. 힘에 대한 집착, 성공과 성장에 대한 열망, 사람들에게 인정받으려는 욕구는 영적인 입맛을 서서히 빼앗아 가고 나중에는 감각조차 남아 있지 못하게 합니다. 많은 정치인과 종교인이 이렇게 영적 입맛을 잃어버린 채 정신없이 살다가 그렇게 쫓아가던 것들이 사라졌을 때에야 비로소 자신이 아사 직전에 이르기까지 영적으로 말라 있음을 보게 됩니다. 헨리 블랙커비(Henry Blackaby)가 「헨리 블랙커비의 영적 리더십」(*Spiritual Leadership*, 두란노 역간)이라는 책에서 말한 것처럼 지도자들의 마음 깊은 곳에 있는 의식은 "좀 더 크게, 좀 더 많이, 좀 더 잘"(bigger, more, better)이라고 했으니까 어쩌면 거의 모든 지도자가 욕망과 집착으로 인한 영적 거식증을 가지고 있다고 볼 수 있습니다. 점점 감각을 잃어서 나중에는 느낌조차 없어지게 된다는 것이 두려울 뿐입니다.

사람들은 "교회는 많은데 교회가 없다"고 하고 "목사는 많은데 목사가 없다"고 합니다. "예배는 많은데 예배가 없다"는 말도 성립되겠지요. 이상하지 않습니까? 모일 때마다 하나님의 사랑을 말하고, 예수 그리스도의 대속의 죽으심에 감사하고, 부활을 노래하는데, 영적 영양실조에 걸린다니 말입니다. 강단에서는 매 주일 예수 그리스도의 주 되심을 선포하고, 영원한 생명을 소유한 나그네 된 삶을 말하는데(물론 복음을 전혀 전하지 않고 자기 이야기만 하는 경우도 있겠지만 그런 상식 밖의 경우는 예외로 해도 되겠지요), 그리고 교인들은 함께 찬양하고 "아멘"이라고 고백하는데 예배가 없다고 말합니다. 자기 마음에 맞는 예배 방식이 없다는 의미일 수도 있겠지만, 가장 본질적인 것을 잃어버린 채 가시적인 것만 추구하고 있다는 의미일 수도 있습니다. 또한 본인이 영적인 감각을 잃어버려서일 수도 있습니다. 다 알고 있는 것들이라서 안 먹어도 된다는 영적 거식증에 걸려 있기 때문일 수도 있다는 말입니다.

저는 제 믿음 생활의 경험을 통해, 특히 설교자로서 영적 거식증의 원인 중 하나를 알 것 같기는 합니다. 제 경우는 '종교성'이었습니다. 제 주변에 하나님을 가리키는 것이 그렇게 많음에도 불구하고, 눈만 뜨면 언제든지 섭취할 수 있는 영적인 음식이 즐비함에도 불구하고 제가 목사로 기능하고 있다는 사실 때문에 다 먹었다고 착각했습니다. 안 먹었는데 먹은 줄 알았습니다. 배고픔을 느낄 겨를이 없을 만큼, 제가 아무것도 먹지 않았다는 사실을 잊을 만큼 요리를 하느라 바빴습니다. 요리를 하는 게 제 일이

예배
사색

었으니까요. 설교를 잘해야 한다는 강박, 교회가 성장해야 한다는 집착, 인정받고 싶다는 욕구의 수단은 하나님의 은혜였습니다. 그러니까 하나님의 은혜는 요리 재료에 불과할 뿐, 제가 취할 음식은 아니었습니다. 항상 은혜를 말하기 때문에 저는 은혜를 먹었다고 생각한 것입니다. 이런 저를 보고 사람들은 "목사는 많은데 목사가 없다"고 말할 것입니다. 저는 교회 생활을 오래한 사람들이 영적 영양실조에 걸릴 수 있다고 생각합니다. 아니, 더 심각하게는 영적 거식증에 걸려서 자신이 거의 영양실조 상태라는 것을 느끼지도 못할 수 있습니다.

예배는 음식을 차리는 시간도 아니고, 차려 놓은 음식을 보는 시간도 아닙니다. 예배는 주님이 초청하신 잔치 자리에서 주님이 주신 음식을 먹는 시간입니다. 저는 작은 깨달음도 큰 변화를 가져다 줄 수 있다고 확신합니다. 예배란 음식을 차리는 시간이 아니라 음식을 먹는 시간이라는 의식의 전환이 제게는 많은 도움이 되었으니까요.

설교자에게 주일은 일하는 날이 아닙니다. 누리는 날입니다. 회중뿐만 아니라 설교자에게도 주일은 안식일입니다. 설교자에게도 설교 시간은 음식을 만들어 나누어 주며 섬기는 시간이 아니라, 음식을 함께 먹는 시간입니다. 예배라는 잔치에 초청한 분은 설교자도, 찬양 인도자도 아닌 예수님이기 때문입니다. 종교적 형식을 갖추는 데 만족하지 말고, 잔칫상이 화려하다는 데 현혹

되지 말아야 합니다. 하나님의 선하심과 인자하심을 맛보기만 해도 영안이 밝아지고 기력을 회복할 수 있습니다. 주님이 차려 주신 식탁 앞에서 영양실조에 걸리거나, 영적 거식증에 걸린 교회 지도자가 의외로 많겠다 싶습니다. 요리하는 사람은 다른 사람들이 요리를 맛있게 먹을 때 "안 먹어도 배부르다"고 합니다. 그러나 그렇다고 해서 요리하는 사람이 스스로 요리를 맛있게 했다는 사실에 도취되어 진짜로 아무것도 먹지 않으면 큰일 납니다.

예수께서 이르시되 내가 진실로 진실로 너희에게 이르노니 인자의 살을 먹지 아니하고 인자의 피를 마시지 아니하면 너희 속에 생명이 없느니라 내 살을 먹고 내 피를 마시는 자는 영생을 가졌고 마지막 날에 내가 그를 다시 살리리니 내 살은 참된 양식이요 내 피는 참된 음료로다(요 6:53-55).

예수 그리스도를 누리지 않고 예수를 전하거나, 은혜를 맛보지 않고 은혜로 요리를 만드는 목사는 영양실조나 영적 거식증에 걸렸을 확률이 높습니다.

예배
사색

멈추지 말고
계속하라

폴란드의 유명한 피아니스트 중에 이그나치 파데레프스키(Ignacy Jan Paderewski)라는 사람이 있습니다. 그는 1차 세계 대전의 혼란기에 (짧은 기간이기는 하지만) 폴란드의 수상으로 일하기도 했지만 정치인이라기보다는 음악인입니다.

자기 아들이 훌륭한 피아니스트가 되기를 원한 한 엄마가 아들을 데리고 파데레프스키의 연주회에 참석해서 스타인웨이 그랜드 피아노가 보이는 앞쪽에 자리를 잡았습니다. 엄마는 친구와 이야기를 나누느라 아이가 자리를 빠져 나간 것을 눈치 채지 못했습니다. 시작 시간이 되어 무대 조명이 들어오고 청중이 조용해졌을 때, 피아노 의자에 앉아 있는 한 아이가 눈에 들어왔습니다. "반짝 반짝 작은 별……." 아이는 연주를 시작했습니다(지금은 어림도 없는 일이지만 1900년대 초반에는 그런 일도 가능했나 봅니다). 몹시 당황한 엄마가 아이를 데리러 무대로 올라가려고 하는데 파데레프스키가 이미 무대에 들어와 있었습니다. 그는 인자한 얼굴로 아이에게 말했습니다. "멈추지 말고 계속 연주하렴."

하나님이 모든 것을 아시는 분이라는 사실이 여러분에게는 위로입니까, 아니면 두려움입니까? 하나님은 중심을 보시는 분이라는 것을 잘 알고 있지만, 바로 그 '중심을 보시는 분'이기 때문에 제가 하는 설교, 제가 하는 예배가 하나님 눈에 얼마나 볼품없고 가증스러울까 싶습니다. 하나님의 눈을 속일 수는 없을 테니까요. 저도 제 중심을 보면, 모든 것을 아시며 중심을 보시는 하나님이라는 사실이 어떻게 위로가 될 수 있을지 모르겠습니다. 비록 제 마음속에 있는 것들을 다는 모를지라도 제가 어떻게 살고 있는지는 다 알고 있는 아내와 아이들 앞에서도 설교하기가 민망할 때가 있는데, 중심을 보시는 하나님 앞에서 멀쩡한 척 설교하는 제 모습은 제가 생각해도 참 가증합니다.

고난과 환난 중에 있을 때조차도 분노와 섭섭함이 있고, 잘되든 못 되든 항상 비교 의식에 의한 불만과 교만이 있습니다. 비교적 편안하고 안정된 날들을 보냈다 싶을 때는 마음속에 온갖 부정한 생각들이 떠올라 자만과 탐욕에서 자유로운 적이 한 번도 없는데 그걸 다 아시는 하나님 앞에서 아무렇지도 않은 듯이 설

예배
사색

교할 수 있는 저 자신이 참 대단하다 싶을 뿐입니다. 물론 설교를 하는 사람이 설교한 대로 살기 때문에 설교할 수 있는 것이 아니라 그렇게 살고 싶은 열망으로 설교한다는 것을 모르지는 않지만, (그럼에도 때로는 교인들에게 호통을 치고, 때로는 당당하게 외치는 설교자이기 때문에) 제 안에 있는 추함의 정도를 생각하면 그런 마음조차 하나님은 어떻게 보실까 싶습니다.

설교하면서 느끼는 답답함은 제가 정말 많이 부족하고 형편없다는 사실에서도 비롯됩니다. 하나님의 사랑과 영광을 충분히 알지 못하고, 아는 것마저 제대로 드러낼 수 없다는 사실도 답답하지만 제가 설교한 대로조차도 살아 내지 못하고 죄에 찌든 모습으로 매주 설교해야 한다는 것도 답답합니다. 잘못된 것인 줄 알면서도 절제할 수 없고, 이번 주에는 잘하겠다고 다짐하지만 여전히 유혹을 이길 수 없어 또 넘어지기를 반복하며 상처투성이인 모습으로 다시 강단에 설 때, 양심에 화인을 맞지 않고서야 어찌 이렇게 뻔뻔할 수 있을까 싶은 절망을 누가 이해할 수 있을까요? 목회를 그만두어야겠다는 생각을 수없이 했지만, 목회가 힘들거나 사람들이 힘들게 해서일 때보다는 저 자신이 참으로 형편없는 위선자라는 좌절감 때문일 때가 더 많았음을 고백합니다. 물론 겉으로는 (심지어 아내에게도) 목회가 힘들어서라고 말했지만 말입니다. 지금 이렇게 글을 쓰면서도 선뜻 내놓을 수 없고 자꾸 꾸미고 싶은 제 중심의 죄악을 하나님은 아십니다.

우리 모두가 그렇듯이 그래도 제가 목회를 계속할 수 있는 것은 하나님의 은혜입니다. 목회 현장에서 제가 경험한 은혜란 제 허물을 알고 계심에도 저를 택하셔서 "멈추지 말고 계속 연주하라"고 부르신 하나님의 주권적인 사랑이었습니다. 이 소명은 죄인임에도 불구하고 주어진 것이지 죄에 무감각해지도록 주어진 것이 아닙니다. 하나님의 용서는 죄책을 거두어 가지만 죄로 인한 부끄러움과 죄송함을 거두어 가지는 않습니다. 바울이 "만일 하나님이 우리를 위하시면 누가 우리를 대적하리요 …… 누가 능히 하나님께서 택하신 자들을 고발하리요 의롭다 하신 이는 하나님이시니 누가 정죄하리요"(롬 8:31-34)라고 한 말은 하나님이 죄책을 사하셨다는 말이지 여전히 죄를 즐기고 있으면서 "하나님이 용서하셨는데 왜 비난하느냐"며 죄를 합리화시킬 수 있는 뻔뻔함을 의미하지 않습니다. 파데레프스키가 어린아이의 연주를 들으면서 멈추지 말고 계속 연주하라고 한 것은 그 연주가 들을 만했다는 의미가 아닙니다. 그 아이가 파데레프스키의 말 때문에 자신이 괜찮은 연주자라고 생각했다면 비극적 오해입니다. 아이를 내쫓지 않고 계속하도록 한 것은 은혜입니다.

저의 30년 목회와 설교를 가능하게 한 것은 오직 은혜입니다. 자주 제가 꽤 괜찮은 사람인 것처럼 생각하고 행동했지만 그런 저에게 멈추지 말라고 해주신 것이 은혜이고, 지난 30년 동안 크게 실력이 향상된 것이 아님에도 계속하라고 말씀해 주신 것이

예배
사색

은혜입니다. 부끄러움과 담대함은 언제나 양자 선택의 문제가 아닙니다. 부끄러운데도 담대할 수 있고, 담대한데도 수치심을 느낄 수 있습니다. 부끄러움과 담대함을 연결하는 것이 은혜이기 때문입니다. 어쩌면 이렇게 뻔뻔할 수 있을까 싶어서 외침이 목에 걸릴 때가 많지만 아직도 설교할 수 있는 것은 하나님이 용서해 주셔서 더는 죄가 없다는 확신 때문이 아니라, 그 죄로 인해 하나님이 저의 존재적 가치를 없애지 않으시리라는 확신 때문입니다. 그러니까 제가 용서받았다는 사실은 저 자신이 정말 어쩔 수 없는 죄인이라는 사실을 망각하게 만들지 않습니다. 제가 지은 죄가 하나님의 기억에는 없어도(하나님이 기억하지 않으신다는 말도 그로 인한 책임을 묻지 않는다는 의미지 기억에서 사라졌다는 의미는 아닙니다) 제 기억에는 있습니다.

설교자로서 예배자가 되기 힘든 것 중 하나는 죄인으로서 다른 이의 죄를 지적해야 한다는 것이고, 위선자로서 다른 이의 위선을 책망해야 한다는 것입니다. 회중에게는 때로 설교자가 죄인이 아닌 것처럼 인식되기도 하고, 반대로 죄인임을 인정함으로 설교적 권위를 상실하게 되기도 합니다. 설교자의 딜레마이지만 분명한 것은 제가 정말 부끄러운 죄인이라는 것입니다. 하나님의 은혜로 죄책을 사하시고 더 이상 그 죄로 인해 정죄하지 않겠다 선언하셨어도, 제 중심을 아시는 하나님 앞에서 여전히 제 속에 남아 있는 탐욕과 거짓과 교만을 인정하지 않을 수 없는(매우 자주 마음에 있는 것이 행동으로 나타나 사람들을 실망시키기도 하는) 죄인입니다. 그런 제가 여전히 설교하고 예배할 수 있는 것은 저의 부족한 연주를 들으면서도 "멈추지 말고 계속하라!"고 위로하고 재촉하시는 하나님의 은혜 때문입니다. 하나님이 용서하셨다고 제 음악이 들을 만해지는 것이 아닙니다. 여전히 형편없음에도 계속하라고 재촉하시는 것은 제 부족함을 아시는 하나님의 사랑입니다. 그 은혜와 사랑을 입은 제가 "오늘 설교 좋았지?"라고 물으며 우쭐댈 수는 없습니다.

예배 때마다 "멈추지 마라. 계속 해봐"라고 말씀하시는 하나님의 은혜를 잊지 않으면 좋겠습니다. 계속하라는 소명은 제 실력이나 가능성에서 비롯된 것이 아니라 전적으로 하나님의 사랑에서 비롯된 것입니다.

예배
사색

예배에서 누릴
최고의 기쁨

아주 오래전에 텔레비전에서 고급 SUV 자동차 광고를 본 적이 있습니다. 성탄절 아침이었는데 한 여인이 잠에서 깨어 침실 밖으로 나왔다가 깜짝 놀랍니다. 응접실에 최고급 SUV 자동차가 있는 겁니다. 남편이 차를 사서 지붕에 빨간 리본을 얹어 성탄절 선물로 아내를 위해 준비한 것이었습니다. 부인은 몹시 놀라고 기뻐서 환성을 지릅니다. 그리고 남편에게 말합니다. "와우! 저렇게 크고 예쁜 리본은 어디에서 구했어요?" 차보다 리본이 먼저 눈에 들어온다면 남편으로서는 섭섭한 마음이 들 것 같기도 합니다.

광고니까 지나치게 비현실적인 과장이라고 말할 수도 있고 설령 자동차보다 리본에 더 감격한다고 해도 그것은 취향의 문제라고 말하면 문제될 것은 없습니다. 그런데 리본에 감격하는 이 비현실적인 모습이 예배 현장에서는 지극히 현실적인 모습이 아닐까 싶어서 씁쓸하기는 합니다. 하나님은 우리에게 영생을 위해 아들을 주셨지만 아들을 주셨다는 것은 비현실적으로 들리고, 하나님이 새로운 직장을 허락하시고 건강을 회복시키셨다는 것이 훨씬 현실적이고 필요한 선물로 들리니까요.

사람들은 하나님이 아들을 주셨다는 사실에는 크게 감격하지 않아도 하나님이 우리에게 일용할 양식을 주셨다는 사실에는 매번 감격할 수 있습니다. 일용할 양식에 감사하는 것이 문제될 것은 없지만 우리가 흔히 표현하는 말로 사람들이 '베푸는 자'(giver)보다는 '선물'(gifts)에 더 관심이 많다는 것은 애석한 일이고, 영생이 진짜 선물인데 영생을 일용할 양식에 덤이라고 생각하는 것은 슬픈 일입니다.

1903년 12월 17일, 수십 번의 실패 끝에 라이트(Wright) 형제가 마침내 최초로 비행기로 하늘을 날았습니다. 굉장히 감격한 이 형제는 여동생 캐트린에게 전보를 쳤습니다. "드디어 40미터를 날다. 크리스마스에 집에 갈 것임!" 캐트린은 몹시 흥분되어 지역 신문 편집장을 찾아가 그 전보를 보여 주었습니다. 전보를 본 편집장이 함께 기뻐하면서 말합니다. "와! 이번 크리스마스에는 오빠들과 함께할 수 있어서 좋겠다!" 편집장은 하늘을 나는 일에 전혀 관심이 없었음이 틀림없습니다. 하늘을 나는 일에 관심이 없다면 캐트린의 기쁨에 동참할 수 없습니다.

저는 성탄 주일이 되면 거의 해마다 성탄의 의미를 새겨 보자고 말하고, 하나님이 아들을 주셨다는 설교를 하지만 솔직히 교인들은 빨간 리본의 화려함에서 벗어나지 못하고 있다는 생각을 했습니다. 물론 돌아보면 저 자신도 성탄절의 분주함과 화려함에서 벗어나지 못한 적이 훨씬 많았음을 인정하지 않을 수 없습니다. 무엇보다도 죄로 인한 것이겠지만 저는 이것을 '인간의 한계'라고 부르고 싶습니다. 제 허물을 합리화해서가 아니라 죄성을 가지고 있는 인간은 어쩔 수 없이 눈에 보이지 않으면 잊어버리게 되니까요.

「거룩한 그루터기」(*Subversive Spirituality*, 포이에마 역간)라고 번역된 책에서 유진 피터슨은 '대상 영속성'(object permanence)에 관한 이야기를 합니다. 어린아이가 4개월에서 7개월이 될 때 대상 영속성이 발달하는데, 그때까지 어린아이들은 물건이 눈에 보이지 않으면 그 물건이 없어졌다고 생각한답니다. 그러니까 눈에 보이는 것만 존재한다고 생각해서 재미있게 가지고 놀던 장난감도 시야에서 사라지면 없어진 것으로 간주해서 찾으려고 하지 않는 것입니다. 그것이 어린아이의 한계입니다. 인간도 어쩔 수 없이 장차 우리에게 주어질 영광스러운 생명보다는 당장 우리 손에 주어질 편리함과 풍요로움에 더 마음을 둘 수밖에 없습니다. 눈에 보이지 않아서 존재하지 않는 것이 아님을 아주 잘 알고 있어서 보이지 않는 것이라도 존재한다고 믿고 찾는 것이 어른의 당연한 모습이지만 그래도 보이는 것이 당장 눈에 들어올 수밖에 없는 한계를 모든 인간이 가지고 있다는 말입니다.

그렇기 때문에 저는 목회는 책망이 아닌 위로라고 생각했습니다. 하늘의 소망을 상기시키고 믿음으로 세상을 살아 내도록 하는 일은 "왜 그것도 못하느냐"고 책망할 일이 아니라 거듭되는 실패에도 낙심해서는 안 될 하나님의 약속임을 상기시켜야 하고, 이 언약의 근거는 우리의 신실함이 아니라 하나님의 신실하심임을 놓치지 않도록 해야 합니다. 그런데 목회를 하다 보면 제가 원하고 생각하는 대로 행동하지 않는 교인들을 자꾸 책망하는 제 모습을 보게 됩니다. 하늘을 바라보며 살자고 30년을 설교했는데도 여전히 눈에 보이는 것들에 유혹되고 있는 것이 제 모습임에도 설교할 동안에는 제가 꽤 괜찮은 사람이라도 되는 양 착각하나 싶기도 할 정도입니다. 실제로 설교하면서 그런 착각에 빠져 있는 제 모습에 놀란 적도 몇 번 있습니다.

인간의 철저한 무능을 경험하면 낙심이 되어서 아무것도 못할 줄 알았습니다. 그래서 교인들에게 할 수 없음을 말하는 것은 교인들을 더욱 무기력함에 빠지게 만든다고 생각한 적이 있습니다. 안 되어도 된다고 말해야 하고, 못해도 할 수 있다고 말해야 교인들을 움직이게 만드는 동기를 부여한다고 생각한 것이지요. 그런

예배
사색

데 그건 사실이 아니기 때문에 잠깐의 자극은 될지 몰라도 결국은 더욱 낙심하게 된다는 것이 제가 저 자신을 보면서, 그리고 주변에 있는 분들을 보면서 경험한 바입니다. 실은 그 반대인 것 같습니다. 한계와 죄성을 인정하고 하나님의 도우심과 은혜에 전적으로 의지해야 계속할 수 있습니다. 다시 일어설 수 있게 만드는 힘은 "이번에는 달라"라는 의지력이 아니라 "주님은 우리를 포기하지 않으신다"는 하나님의 약속에 대한 확신입니다.

솔직히 저는 고급 SUV 자동차보다는 빨간 리본에 흥분하는 저 자신이 참 싫습니다. 하나님이 아들을 주셨다는 사실로는 흥분하지 않으면서 통장에 수입이 늘어나는 것에 흥분하는 제가 한심합니다. 하나님은 항상 우리와 함께하신다고 그렇게 열정적으로 설교해 놓고도 몸에 이상이 있거나 힘든 일을 만나면 불안해하는 저 자신이 답답합니다. 그런 저를 누가 매 주일 야단쳐도 할 말이 없습니다. 때로는 "당신은 잘하느냐?"고 반항하고 싶을 만큼 저의 답답하고 한심한 모습이 싫습니다. 그런데 누군가 정말 꾸준히 예수의 복음을 말해 주고, 하나님의 사랑을 말해 준다면 정말 고맙겠습니다. 그것이 가장 귀하다는 것을 적어도 머리로는 알고, 마음으로는 믿고 있으니까요.

물론 저는 크리스천 스미스(Christian Smith)가 「영혼에 대한 탐구」(*Soul Searching*)라는 책에서 말한 포스트모던 시대의 십 대의 도덕주의적인 치유적 이신론(moralistic therapeutic deism)을 옹호해서 그냥 다 괜찮다고 해야 한다고 말하고 있는 것이 아닙니다. 훈련과 권면의 필요를 부정하는 것도 아닙니다. 괜찮다 말해도 그 근거는 죄악 된 상태를 미화시키거나 우리의 무능을 합리화시킴이 아니라 하나님의 사랑과 오래 참으심이어야 합니다. 그래서 저는 목회는 결국 위로라고 확신하고, 예배는 언제나 위로여야 한다고 확신합니다.

선물하려는 고급 자동차보다 선물에 달린 빨간 리본을 더 좋아하는 것은 괜찮지 않습니다. 설교자는 설교를 하면서 빨간 리본에 얽매이지 주목하게 만들면 안 될 것입니다. 이 땅에서 누리는 형통과 부유함도 하나님의 복이라는 말로 빨간 리본에 주목하게 만들면 안 된다는 말입니다. 그러나 교인들이 빨간 리본에 더 빨리 반응할 수밖에 없어도 괜찮습니다. 우리는 빨간 리본보다 고급 자동차가 더 좋다는 것을 알고 있고, 예배를 통해 정말 좋은 것이 무엇인지를 회복할 것이기 때문입니다. 그 최고의 선물에 주목하기 위해서 예배의 자리에 왔기 때문입니다. 이 사랑에 대한 확신이 있을 때 책망도 위로로 들릴 것입니다.

예배
사색

지치지 않으시는
하나님

저는 손녀와 함께 노는 것이 참 재미있습니다. 하지만 제가 손녀와 함께 놀 수 있는 시간은 길어야 두 시간입니다. 단순히 아이가 원하는 놀이가 시시하고 제 수준에 맞지 않아서가 아니라 단순한 반복을 지루해하지 않는 아이의 신비한 힘이 저에게는 없기 때문입니다. 제가 손녀를 재미있게 하느라고 해괴한 표정을 지으면, 아이는 좋아서 깔깔거리며 웃지요. 그러고는 말합니다. "할아버지, 또 해봐." 저는 아이가 즐거워하는 게 좋아서 또 합니다. 문제는 제 한계는 5번이고 손녀의 한계는 20번이라는 것입니다. G. K. 체스터턴(Chesterton)도 이런 경험을 했나 봅니다. 그는 자신의 유명한 책 「정통」(*Orthodoxy*)에서 이렇게 말했습니다.

"어린아이들에게는 끝없는 의욕이 있고 자유롭기 때문에 같은 것이
반복되고 거듭되기를 원한다. 그들은 항상 '또 해봐요!'라고 말한다.
그러면 어른들이 지칠 때까지 그것을 반복한다. 하지만 어른들은
같은 일을 그렇게 반복할 만큼 에너지가 많지 못하다. 그러나 하나
님은 어린아이들보다 의욕적이고 지칠 줄 모르신다. 매일 아침 태
양을 향해 '또 해봐'라고 말씀하시고 좋아하신다. 우리는 죄를 지으
며 늙어 가지만 우리의 아버지 하나님은 우리보다 젊으셔서 '또 해
보렴'이라고 말씀하신다."

같은 행위를 반복하면 형식적이 되는 것도 문제지만 지치고
피곤해지는 것도 문제입니다. 제가 아무리 해도 질리거나 지루해
하지 않을 것이 무얼까 생각해 보았습니다. 40년 넘게 사역하면서
한 번도 질리거나 하기 싫은 적이 없던 것이 '기도'라고 말할 수
있으면 참 좋겠는데, 기도는 하고 싶은 날보다는 하기 싫던 날이
더 많았다는 것이 제 솔직한 고백입니다. 제가 한 번도 지치지 않
고 좋아한 것이 뭔지 아내에게 물어본다면 아마 '바둑'이라고 말
할 것입니다. 하지만 바둑도 몇 번 두고 나면 두기가 싫어지고 피
곤함을 느낍니다. 아침마다 운동을 하는 사람도 운동하고 난 후
의 상쾌함은 즐기지만 시작은 항상 힘들지 않을까 싶습니다. 그

예배
사색

원인 중 하나는 피곤함과 지루함일 것입니다. 성격에 따라 조금씩 다르기는 하겠지만 대체로 사람들은 반복된 행위에서 피곤함과 지루함을 느낍니다. 가끔씩이라도 변화가 기대되는 행동의 반복은 덜 하겠지만 변화에 대한 기대가 없는 행위의 반복은 사람을 쉽게 피곤하게 만듭니다. 매일의 묵상도 그럴 수 있고, 운동도 그럴 수 있습니다.

저는 예배를 인도하면서 교인들이 형식적이라는 생각이 들 때보다 지루해한다는 생각이 들 때가 더 많았습니다. 단순히 현대인들은 지루함을 못 견뎌 하니까 예배를 지루하게 만들면 안 되겠다는 생각을 하지는 않았지만, 기대감이 없는 행위의 반복에서 오는 지루함을 이해할 수는 있었습니다. 아마도 그래서 저는 목회를 하면서 제가 예배를 인도하기를 고집했는지 모르겠습니다. 제가 사역하는 교회에서 설교하지 않고 예배에 참석한 적은 있지만 사회를 하지 않고 예배에 참석한 적은 없던 것 같습니다. 제가 다른 사람들보다 탁월해서가 아닙니다. 자칫 목사들이 돌아가면서 사회를 하다 보면 남들보다 튀면 안 된다는 생각에 매주 같은 멘트, 같은 순서로 진행하기 쉽고, 회중의 경우에는 변화에 대한 기대가 없는 행위의 반복에서 오는 지루함과 피곤함이 더 쉽게 다가오겠다 싶었기 때문입니다.

한 루터교 목사가 언제나 "주님이 여러분과 함께 계십니다"라는 말로 예배를 시작했다고 합니다. 그러면 교인들은 "당신도요"

라고 대답했습니다. 어느 주일, 마이크에 문제가 생겼는지 잘 작동되지 않았습니다. 그래서 그 목사가 예배를 시작하면서 "마이크에 문제가 있습니다"라고 했습니다. 그러자 교인들이 대답했습니다. "당신도요."

저는 예배를 시작하면서 교인들이 새로운 기대감을 가질 수 있다면 지루함이 덜하지 않을까 싶었습니다. 그래서 이 책에 소개한 예화들로 매 주일 예배를 시작했습니다. 그리고 헌금 전에, 찬양 전에, 설교를 마치고 난 후에 어떤 멘트를 할까 고민했습니다. 사실은 예화를 찾고 멘트를 준비하는 것도 제법 시간을 소요하는 일이라서 나는 사님이 사회를 맡고 시는 실프에민 집중이면 좋겠다는 생각도 여러 번 했습니다.

기대감이 없는 같은 행위의 반복에서 지루함을 느끼지 않는 것이 인간에게는 가능하지 않을 것 같습니다. 사람들이 일탈을 생각하는 것은 매우 당연합니다. 2010년에 시작한 특이한 콘퍼런스 중에 "지루함의 콘퍼런스"(Boring Conference)라는 게 있었습니다. 일상적이고, 재미없고, 당연시해서 방치된 것들을 끄집어내어 축하하는 콘퍼런스입니다. 그런데 이 콘퍼런스가 대박이 났습니다. 주제는 지루하고 일상적인 것들이지만 내용은 참신해서 반전 효과가 있었기 때문입니다.

우리가 드리는 예배가 놀라운 것은 재미있게 하려는 제 시도 때문이거나 깔끔하고 재미있는 진행 때문이 아닙니다. 지치지 않으시는 하나님 때문입니다. 하나님은 매 주일 같은 기쁨으로 "또 해보렴"이라고 말씀하시기 때문입니다. 매 주일 같은 예배, 같은 찬송, 같은 사람들……. "이번 주도 똑같겠지"라는 예상이 한 번도 빗나가지 않는 반복된 행위에 하나님은 여전히 기뻐하시고 여전히 말씀하십니다. "또 해보렴." 우리는 지루해하지만 하나님은 지루해하지 않으십니다. 우리는 지치지만 하나님은 지치지 않으십니다. 하나님은 우리를 용서함에 지치지 않으시고, 우리의 고백에 지치지 않으시며, 우리의 예배에 지치지 않으십니다.

어느 분이 자신의 엄마와 아빠의 차이를 이렇게 말한 적이 있습니다. 전에 했던 이야기를 잊어버리고 또 하면 아빠는 "그거 지난번에 한 이야기잖아?"라고 반응한답니다. 반면 엄마는 "정말? 그래서?"라며 마치 처음 듣는 이야기처럼 신기해한답니다. 엄마의 관심은 딸이고 아빠의 관심은 자기 자신이기 때문일 거라는 것이 그분의 분석이었습니다. 하나님은 우리가 매주 부르는 찬송을 새 노래로 들으실 것이라 확신합니다. "딴 거 없냐?"라고 말씀하시지 않고 "또 해봐"라고 말씀하십니다. 하나님의 관심은 우리이기 때문입니다.

우리는 지루함을 못 견뎌 합니다. 같은 행동을 반복하면 피곤해집니다. 아무리 좋은 일도 몇 번 반복하지 못합니다. 그런데 우리의 지루함과 피곤함에 상관없이 하나님은 지루해하지도, 피곤해하지도 않으십니다. 우리가 찬송하면 언제나 좋아하시고, 수십 번, 수백 번이라도 우리 죄를 용서하시며, 우리의 하나님이 되어 주십니다. 우리가 매 주일 예배 자리를 찾을 수 있는 것은 단지 설교가 신선하거나 예배 순서에 새로운 변화가 있어서가 아니라 지치지 않으시는 하나님 때문입니다. 사랑한다 말씀하심에 지치지 않으시고, 사랑한다는 고백을 들음에 지치지 않으시는 하나님! 그 하나님의 에너지 때문에 우리는 방황하다가도 다시 그 자리를 찾아갈 수 있습니다. 하나님이 살진 짐승의 기름에 배불렀고 어린 양의 피를 기뻐하지 않는다고 말씀하신 것도 새로울 것 없는 행위의 반복 때문이 아니라 정의롭지 못하고 악한 그들의 삶의 모습 때문이었습니다. 예배를 시작하며 하나님의 모습을 상상해 봅니다. 인자한 얼굴로 기쁨에 가득 찬 목소리로 저에게, 그리고 온 회중에게 "또 해봐"라고 말씀하시는 모습 말입니다.

예배
사색

예배의
본질

어느 부자가 어머니에게 선물을 하고 싶었습니다. 어떤 선물이 가장 좋을지 고민하다가 인터넷에서 4,000개의 단어를 아는 한 앵무새를 알게 되었습니다. 그 새는 많은 단어를 말할 수 있을 뿐만 아니라 3곡의 오페라 아리아를 노래할 수 있었습니다. 부자는 그 새가 좋겠다고 생각해서 5만 달러를 지불하고 그 새를 사서 어머니에게 보냈습니다. 배달된 다음 날, 부자는 어머니가 앵무새를 잘 받았는지, 마음에 드시는지 궁금해서 전화를 했습니다. "어머니, 어제 제가 보내드린 선물 받으셨어요?" 어머니가 대답했습니다. "응, 잘 받았다. 아주 맛있더라." 새는 먹을 수도 있습니다. 어머니가 좋아했다면 그것으로 되었다고 말할 수도 있습니다. 하지만 말과 노래를 할 줄 아는 새를 그냥 먹어 버렸다는 것은 아무리 생각해도 아깝습니다.

우리 속담에 "평안 감사도 제 싫으면 그만이다"라는 말이 있지요. 더 좋은 방법이나 길이 있어서 알려 주는데 "됐어, 내가 편하면 되는 거지, 꼭 그렇게 하라는 법이 있어?"라고 말하면, 그 말도 틀리지는 않지만 정말 더 좋은 길이 있을 때는 아쉽습니다. 무엇이든 원래의 의도와 목적대로 사용될 때 그 진가가 드러나는데, 약간의 유익에서 가치를 찾으며 안주하려 할 때 우리는 그것을 '비효율성'이라고 부르기도 합니다. 하지만 그와 같은 행동이 원래 가치를 훼손시킬 때에는 단순히 비효율적인 것이 아니라 '악한' 것이 됩니다.

마을 사람들의 생명을 위해 판 우물을 혼자 소유한 채 주변을 근사하게 꾸며 추억의 장소로 즐긴다면 단순히 비효율적인 것이 아니라 악한 것입니다. 하나님이 섬기라고 주신 재물을 하나님이 주신 축복이라면서 최고급 명품으로 사치를 누리고 다른 사람들과 나누려 하지 않는다면 그것은 단순한 낭비가 아니라 직무 유기입니다. 재물이 하나님의 사명이라면 말입니다. 주어진 것의 원래 목적과 의도를 생각하지 않고 단순히 자기 유익을 위해 필요한 대로만 사용하면서 "원하는 대로 할 수 있는 자유가 최고의 가치"라고 말하는 것은 그것의 정당한 사용을 요구할 권한이 없는 사람들에게는 가능할지 모르지만 그것을 주신 분에게는 가능하

예배
사색

지도 합당하지도 않은 말입니다.

제가 쓴 책을 친구에게 주었는데 그 친구가 그 책을 베개로 사용하든, 책장을 바로 세우기 위한 받침으로 사용하든 그것은 책을 받은 사람 마음입니다. 하지만 책을 읽지 않는다면 그 책을 선물로 준 제게는 큰 결례가 됩니다. 하나님이 주신 성경을 통해 인격 수련을 하든, 이스라엘의 역사를 공부하든, 아니면 인간 심리의 연구로 사용하든 어느 정도 유익이 있겠지만 성경을 통해 하나님의 사랑을 전하고자 한 하나님의 의도와 목적을 헤아리지 못한다면 그 유용함은 생명에 이르는 길에 방해가 될 수도 있습니다. 그렇다면 얼마나 유익이 있든 "내가 원하는 대로"라는 발상은 아주 위험합니다. 사사기의 결론처럼 "그때에 이스라엘에 왕이 없으므로 사람이 각기 자기의 소견에 옳은 대로 행하였더라"(삿 21:25)라는 말은 결국 불신앙의 표현일 뿐이니까요.

예배를 "자기의 소견에 옳은 대로" 한다면 하나님이 기뻐하실까요? 어떻게 하든 개인에게 유익을 줄 수 있다면 되는 것 아니냐는 말이 가능할까요? 물론 그렇다고 "하나님이 기뻐하시는 방법은 이것이다"라고 말할 수 있는 사람은 아무도 없어서 자칫 자신에게 익숙한 방법을 하나님이 기뻐하시는 방법인 양 착각할 수 있음이 조심스러움은 인정합니다. "각자가 옳다고 생각하는 방법이 옳은 것이다"라고 말하는 것은 하나님을 절대 기준으로 삼는 사람들에게는 맞지 않습니다. 모든 사람은 "하나님이 기뻐하시는 방법대로"라는 원칙에 항상 마음이 열려 있어야 합니다.

1997년에 세상을 떠났지만 20세기 교육에 큰 영향을 끼친 브라질 교육가 파울루 프레이리(Paulo Freire)가 「자유의 교육학」(*Pedagogy of Freedom*)이라는 책에서, 교사가 "자기는 바른 사고를 가지고 있다고 말하면서 학생들을 얕잡아 보는 방식으로 학생들과 상관하려고 하는 것은 어리석다"고 말한 것처럼 목회자가 나만 옳다는 식으로 하나님이 기뻐하시는 것을 주입식으로 가르치려 하는 것은 대단히 위험한 일입니다. 하지만 그러니까 결국 모두 일은 '귀에 걸면 귀걸이, 코에 걸면 코걸이'라서 하나님이 기뻐하시는 객관적인 원칙은 없다고 말하는 것은 더 위험한 일입니다. 우리는 바로 그 원칙에 대해 배우려는 마음 혹은 깨어 있는 마음으로 열려 있어야 합니다. 주관적인 것을 객관화하는 것도 바람직하지 않지만, 그렇다고 해서 객관적인 것을 주관화하는 것도 바람직하지 않습니다.

예배를 인도하는 사람이 놓치지 말아야 하는 질문은 "회중이 좋아할까?"가 아니라 "하나님이 기뻐하실까?"입니다. 이 두 질문이 언제나 상충되는 것은 아니지만 우선순위를 말하자면 말입니다. 마샬 셸리(Marshall Shelley)는 결혼기념일에 아내에게 어떤 선물을 할까 고민했습니다. 농부의 딸인 아내가 비가 많이 오면 어떻게 하나 걱정하던 아버지를 보며 어린 시절을 보낸 것을 알고 있던 마샬은 어린 시절의 추억 때문에라도 아내가 좋아할 것이라

예배
사색

고 생각해서 강우량 측정기를 결혼 기념 선물로 샀습니다. 아내가 좋아했을까요?

저는 가끔 우리가 드리는 예배에 대해 생각합니다. 우리는 무척 좋아하면서 신나게 찬양하는데 하나님은 별로 좋아하지 않으신다면 어떨까요? "하나님은 이런 예배를 안 좋아하신다"라고 확정적으로 말할 기준은 없지만 적어도 예배할 때마다, 예배를 인도할 때마다 "하나님이 이 예배를 좋아하셔야 하는데……"라는 간절함은 의식화되어 있어야 하지 않을까요? 중심을 보시는 하나님만이 그 마음을 아시겠지만 말입니다. 분명한 것은 예배 대상이 하나님이라면 "자기의 소견에 옳은 대로" 예배할 수 없다는 것입니다. 예배하는 사람들이 우리만 좋으면 된다고 말할 것이 아닙니다. 공동체 안에 나름대로 유익이 있다 하더라도 그것은 온전한 예배일 수 없습니다.

바벨론 포로 생활을 마치고 예루살렘으로 돌아온 유다 백성이 바벨론 포로 생활에서 하던 대로 예루살렘에 돌아와서도 다섯째 달에 금식해야 하는지 선지자에게 물었습니다. 그때 주님이 하신 말씀이 마음 아픕니다. "너희가 칠십 년 동안 다섯째 달과 일곱째 달에 금식하고 애통하였거니와 그 금식이 나를 위하여, 나를 위하여 한 것이냐"(슥 7:5).

눈물 흘리며 기도하고 열광적으로 찬송해도 하나님이 "그것이 나를 위하여, 나를 위하여 한 것이냐"라고 하신다면 정말 마음이 아플 것 같습니다. 하나님이 아들을 통해 주신 놀라운 은혜가 있는데 그 은혜로 인한 합당한 예배를 자기 눈에 좋은 분위기의 고조와 감정으로 대신한다면(좋은 분위기가 고조된 감정이 나쁜 것은 아니지만) 너무 아쉽습니다. 말과 노래를 할 줄 아는 5만 달러짜리 새를 먹을 수도 있지만 그 새는 그렇게 먹어서는 안 되는 새였습니다.

공동체 지도자들은, 그리고 공동체는 이제 진지하게 고민해야 할 것입니다. "하나님이 기뻐하시는 예배는 어떤 것인가?" 목사는 자기가 옳은 대로 목회를 하고 예배를 인도하거나 자기의 원함이 언제나 하나님의 원함과 동일하다고 전제할 것이 아니라, 하나님이 원하시는 것을 진지하게 고민하면 좋겠습니다. 예배 순서를 말하고, 분위기를 말하는 사람들이 '나'를 말하지 않고 '하나님'을 말하면 좋겠습니다. 예배는 결국 나를 높이는 것이 아니라 하나님을 높이는 행위이기 때문입니다.

예배
사색

"힘 빼!"

윌리엄 보든(William Borden)이라는 사람을 아십니까? 보든 회사의 우유나 치즈에 대해서는 들어보셨을 것입니다. 윌리엄 보든은 선교사였지만 남겨 놓은 업적도 많지 않고, 사역을 왕성하게 한 것도 아니니까 '선교사 보든'은 잘 모르시겠다 싶습니다. 그런데 저는 그가 하늘에서 큰 상급을 받았을 것이라고 확신합니다.

보든은 1904년에 시카고에서 고등학교를 졸업했을 때 이미 백만장자였습니다. 지금도 유명한 "보든 낙농"(Borden Dairy)의 유산 상속자였기 때문입니다. 그는 고등학교 졸업 선물로 부모에게 '세계 일주 여행'이라는 선물을 받았습니다. 세계 여러 곳을 다니면서 처음으로 가난한 사람들, 불쌍한 사람들을 보았습니다. 가슴이 아팠습니다. 그래서 그는 여행을 마치면서 선교를 위해 일생을 바치겠다는 의사를 밝히는 편지를 부모에게 보냈습니다. 그때 그가 마음에 새겨 둔 단어가 "아낌없이!"(No Reserve!)였습니다. 그는 예일 대학교에 입학했습니다. 대학을 졸업할 때 그의 마음에 새기고 항상 자신에게 상기시킨 두 단어는 "물러섬 없이!"(No Retreat!)였습니다. 그 후 신학교에 간 보든은 졸업과 함께 아랍어를 배우기 위해 이집트에 갔습니다. 중국에 있는 무슬림에게 선교하는 것이 그의 꿈이었습니다. 하지만 이집트에서 아랍어를 배우는 중에 뇌막염에 걸려 25세의 나이에 죽었습니다. 유품에서 그의 성경책이 발견되었는데 그 성경책 뒷장에 두 단어가 기록되어 있었습니다. "후회 없이!"(No Regret!)

이 세상에는 유명한 사람도 많고 큰 업적을 남긴 사람도 많습니다. 많은 사람에게 헌신의 본이 된 사람도 있고, 존재의 흔적조차 없는 무명한 사람도 있습니다. 청년의 때에 큰 포부를 가지고 인생을 계획한 사람도 있고, 인생을 계획할 만한 여유도 없이 환경에 끌려 힘겹게 청년의 때를 보낸 사람도 있습니다. 세상은 대체로 업적으로 한 사람의 가치를 평가합니다. 교회 공동체 안에서도 얼마나 기여하는가에 따라 한 사람의 가치가 결정되기도 합니다.

저는 목회를 하면서 교인들에게 목사가 더 중요한지, 아니면

예배
사색

말없이 예배에 참석하는 이름 없는 한 교인이 더 중요한지 물은 적이 있습니다. 당연히 목사가 더 중요합니다. 주일에 목사가 빠지면 예배 전체에 차질이 생기지만 이름 없는 교인 한 사람이 빠져도 예배에는 아무런 지장이 없기 때문입니다. 하지만 그렇기에 목사가 더 중요하다고 말한다면 이는 기능적 기여도에 따라 한 사람의 가치가 결정된다는 말입니다. 다시 말하면 목사와 교인의 차이는 존재적 가치의 차이가 아니라 기능적 기여 능력의 차이인데, 기능적 기여 능력에 의해 가치를 결정하는 실용주의에 익숙해서 목사가 더 중요하다고 말하는 것입니다. 하지만 하나님 앞에서는, 특히 예배 자리에서는 한 사람의 가치가 기여 능력에 의해 결정될 수 없습니다. 모두 죄인으로, 은혜를 입은 의인으로, 사랑을 입은 자녀로 하나님 앞에 서는 것입니다.

16세기 영국의 재무 장관 윌리엄 세실(William Cecil)은 모든 업무를 마치고 집으로 돌아오면 자신이 입은 예복(옛날 영국의 재상들이 입던 예복이 얼마나 복잡하고 거창했는지 아시나요?)을 벗어 소파에 던지고는 "재무 장관이여! 이제 거기에 있으라!"고 말하고는 침대로 들어갔답니다. 잠을 잘 때는 재무 장관의 신분을 벗어 버리겠다는 말이겠지요. 예배하는 사람도 그래야 할 것 같습니다. "예배할 때는 목사의 신분을 벗으라." 비록 기능적으로는 설교를 하고 찬양을 해야 하지만 예배 자리에서 제 가치는 기능적 기여 능력에 따라 결정되는 것이 아니기에 다 벗어 버릴 수 있어야 합니다.

하나님에게 예배하는 자리에서는 내 직업이 무엇인지가 중요하지 않습니다. 내가 음악과 신학에 얼마나 전문적인 지식을 가지고 있는지가 중요하지 않습니다. 내가 얼마나 돈이 많은지, 내가 몇 년 동안 믿음 생활을 하면서 교회를 위해 헌신했는지도 중요하지 않습니다. 하나님 앞에서 직분은 중요하지 않다는 말이 진부할지 몰라도 신분과 소유의 힘과 유혹은 절대로 진부하지 않습니다. 여전히 강력하니까요.

모든 운동의 기본은 힘을 빼는 것이라고 합니다. 사실 운동을 처음 하는 사람들은 힘을 빼라는 것이 무슨 말인지, 그게 어떤 상태인지 모르지만 운동을 잘하는 사람들은 그 기본이 얼마나 중요한지 압니다. 힘을 빼야 최고의 기량을 발휘할 수 있습니다. 힘이 들어가야 공이 멀리 날아갈 것 같은데 사실은 힘을 빼야 멀리 날아간답니다. 돌아보면 제가 더 섬기지 못했다는 것이 후회됩니다. "설교도 더 잘할 수 있었는데!" "목회도 훨씬 잘할 수 있었는데!" 하지만 제가 그렇게 생각하는 한, 아마도 다시 기회가 주어진다 해도 잘하지는 못할지 모릅니다. 힘이 들어가 있으니까요. 25세의 나이에 훈련을 받다가 세상을 떠났어도 윌리엄 보든이 충성스러운 하나님의 사람이라는 확신이 드는 것은 그가 정말 힘을 빼고 하나님을 사랑하며 섬겼다 싶기 때문입니다.

교회를 성장시켜야 한다는 강박, 설교를 더 잘해야 한다는 욕구가 자칫 비교하게 만들고, 후회하게 만들고, 교만하게 만들 수

예배
사색

있습니다. 물론 그러니까 최선을 다하지 말아야 한다는 의미는 아닙니다. 테레사 수녀에게 사역을 그렇게 성공적으로 할 수 있는 비결이 무엇이냐고 물었을 때 "하나님은 저에게 성공적으로 사역할 것을 요구하신 적이 없습니다. 그저 충성하라고 하셨을 뿐입니다"라고 대답했다지요?

많은 업적을 남기는 것은 중요하긴 하지만 궁극적이지 않습니다. 잘하려고 최선을 다해야 하지만 잘하는 것도 궁극적이지 않습니다. 가시적인 것들이 관심을 모으는 것이 사실이지만, 그렇다고 해서 그것이 존재의 가치를 결정하는 것은 아닙니다. 하나님 앞에서 존재의 가치는 하나님을 인정하고 마음을 다해 하나님을 사랑하며 살아 내는 데 있습니다. 제가 사람들에게 보여 줄 화려한 옷을 입고 그 신분으로 인정받기 위해 열정적으로 사역한다면, 하나님은 저에게 "힘 좀 빼라"고 말씀하실 것 같습니다.

예배의 기본은 힘을 빼는 것입니다. 잘 보이기 위해서, 인정받고 대접받기 위해서가 아니라 "아낌없이", "물러섬 없이", "후회 없이" 예배하기 위해 그 자리에 있어야 합니다. 목사로 그 자리에 있는 것도 아니고, 장로나 찬양대원으로 그 자리에 있는 것도 아닙니다. 없어서는 안 될 중요한 사람으로 그 자리에 있는 것도 아니고, 교회에 나온 지 얼마 안 되는 새 교인으로 그 자리에 있는 것도 아닙니다. 목에 힘이 들어가도 안 되고 어깨에 힘이 들어가도 안 됩니다.

25세의 나이에 선교 훈련을 받다가 세상을 떠난 윌리엄 보든은 우리가 감히 아까운 인생이라고 말할 수 없을 만큼 아낌없이 산 사람입니다. 그가 대학에서 기독교 동아리를 만들었을 때 그의 좌우명은 "언제나 나 자신에게는 '노'(no), 예수님에게는 '예스'(yes)!"였다고 합니다. 저는 그렇게 살았던 그가 예배할 때는 어떤 자세였을까 생각해 봅니다. 한 번의 예배도 후회 없이 드렸을 것 같습니다. 더 잘해서 하나님 나라를 위해 큰 업적을 남기겠다는 마음이 컸더라면 25세의 나이에 투병하면서 몹시 억울하고 속이 상했게지만, 계획한 것은 아무것도 이루지 못한 듯해도 "후회 없이"라는 마지막 말을 남길 수 있던 것은 그가 힘을 빼고 있었기 때문입니다. 이것이 큰 업적을 이룬 사람 못지않게 윌리엄 보든이 제게 존경스러운 이유입니다. 하나님을 잘 섬기고 싶으면 힘을 빼야 하는데 그동안 제 목회에는 잘해 보고 싶은 욕망에 지나치게 힘이 많이 들어가 있었습니다.

예배
사색

설교와
찬송의 목적

1942년에 영국 성공회의 캔터베리 주
교가 된 윌리엄 템플(William Temple)이 한번은 어느 집에 아침 식
사 초대를 받았습니다. 소파에 앉아 아침 식사를 기다리는데 주
방에서 요리사가 요리를 하면서 감정을 넣어 <내 주를 가까이 하
려 함을>이라는 찬송을 부르는 것을 들었습니다. 힘든 일을 하면
서도 은혜롭게 찬송을 부르는 것이 듣기 좋아서 템플 주교가 주
인에게 말했습니다. "요리사가 요리를 하면서도 저렇게 찬송을
부르니 참 듣기가 좋습니다." 그러자 주인이 말했습니다. "아! 저
거요. 저 찬송은 우리 요리사가 달걀을 삶을 때 부르는 찬송입니
다. 반숙으로 삶고 싶으면 3절까지 부르고 완숙으로 삶고 싶으면

4절까지 부르죠." 분위기를 띄우거나, 남은 시간을 때우기 위해서 찬송을 부를 때가 있습니다. 안 부르는 것보다는 낫겠다 생각할 수 있지만 자칫 찬송의 원래 의미가 왜곡될 수 있습니다.

저는 교회에 처음 나갔을 때 찬송을 부르는 것이 참 좋았습니다. 가사의 뜻도 모르면서 <부름받아 나선 이 몸>이라는 찬송을 열심히 불렀습니다. <웬 말인가 날 위하여>, <인애하신 구세주여>는 멜로디가 슬퍼서 좋았습니다. 마음에 두고 있던 자매가 이사를 가고 난 후에는 <멀리 멀리 갔더니>를 부르면서 허전한 마음을 위로하기도 했습니다. 안이숙 선생님의 「죽으면 죽으리라」라는 책에서, 옥에 갇혔을 때 평소 외워 둔 찬송들이 많은 도움이 되었다는 간증을 우연히 읽고는 고등학생 시절에 100여 곡의 찬송 가사를 외우기도 했습니다. 노래는 잘 부르지 못했지만 찬송 부르는 것을 참 좋아했습니다.

그런데 목사가 되고 설교를 하기 시작하면서부터 저는 변했습니다. 예배 중에 부르는 찬송들은 마치 제가 설교를 하도록 교인들의 마음을 준비시키거나 시간을 때우는 것 같은 생각이 들었습니다. 그런 발상이 예배를 받으시는 하나님 앞에 얼마나 경망스러운 것인지 깨달은 것은 시간이 한참 지난 후였습니다. 여전히 찬송은 좋아하지만 예배에서 가장 중요한 시간은 설교 시간이라고 생각했기 때문에 예배를 시작하기 전에도, 예배를 시작한 후에도 찬송은 그저 '준비 찬송'이거나 '마무리 찬송'이었습니다. 예

예배
사색

배 중 찬송 시간을 교인들이 제 설교를 들을 준비를 하고, 저는 설교에 집중하기 위해 마음을 다스리는 시간 정도로 여긴 셈입니다. 그러나 그럴 수 없습니다. 설교가 예배의 한 순서이듯 찬송도, 성경 봉독도, 헌금도, 모두 예배의 한 순서입니다. 어느 것이 더 중요하고 덜 중요하다 말할 수 없습니다.

중세 교회 때에는 예배의 중심이 성찬에 있었습니다. 그러나 일반 회중은 알아들을 수 없는 라틴어로 성경을 읽고, 성찬을 강조하여 성직의 권위를 강조한 것은 예배를 단순한 종교 행위로 만들기에 충분했습니다. 예배에서 드러나는 것은 성직자의 권위였지 하나님의 권위가 아니었습니다. 종교 개혁 때에는 집례자의 권위가 아니라 하나님 말씀의 권위가 강조되어야 한다는 의미에서 예배에서 설교가 강조되었습니다. 하지만 그것은 설교가 예배의 중심이 되어야 한다는 의미가 아니라 사람이 아닌 하나님이 다시 예배의 중심이 되어야 한다는 의미였을 뿐입니다. 설교를 강조하여 설교자의 권위를 말한다면 중세 교회와 다르지 않습니다. 듣는 것보다는 보는 것을 선호하고, 이해보다는 느낌을 강조하는 포스트모던 시대의 사람들은 설교보다는 음악에 더 큰 관심이 있습니다. 그래서 20세기 이후에는 예배의 중심이 설교에서 찬양으로 옮겨 갔다고 말하기도 합니다.

저는 예배의 중심이 성례든, 설교든, 찬양이든 하나를 다른 것보다 중요하게 생각하는 것은 바람직하지 않다고 봅니다. 그런데 사람들은 자기가 맡은 순서를 가장 중요하게 여기는 경향이 있어서, 특히 매주 설교를 하는 설교자로서는 설교 때문에 예배를 할 수 없게 되는 경우가 허다합니다.

이것은 찬양의 경우도 마찬가지입니다. J. D. 그리어가 「오직 복음」이라는 책에서 자기 교회 예배에 참석하는 한국 학생들에 관해 말한 적이 있습니다. 발을 구르기도 하고, 손을 들고 몸을 흔들기도 하면서 얼마나 열정적으로 찬양하는지 큰 감동과 도전을 받았답니다. 그런데 자기가 설교를 시작하니까 아무런 반응도 하지 않더랍니다. "아멘"도 하지 않고, 웃지도 않고, 얼굴에 아무런 표정도 없이 설교를 들었습니다. 워낙에 열정적으로 찬양을 한 터라 그리어 목사는 몹시 의아했습니다. 그래서 나중에 한 형제에게 물었습니다. "내 설교가 형제에게 아무런 의미가 없나요?" 그러자 형제는 이렇게 대답했습니다. "아닙니다, 목사님. 우리는 찬송만큼이나 목사님 설교를 좋아합니다. 그러나 우리 문화에서는 목사님이 말씀을 전하실 때 말하거나 반응하는 것을 예의에 벗어난 행동으로 간주합니다. 우리는 목사님과 목사님이 전하시는 말씀에 존경심을 표하기 위해 조용히 경청하는 것입니다."

미국인들이 설교를 들으면서 자주 추임새를 넣는 것을 생각해 보면 문화적 차이로 볼 수도 있습니다. 그런데 저는 청년 집회를 다니면서 가끔은 40-50분 찬양이 예배이고 그다음 설교는 형식적인 마무리 절차인 것 같은 생각이 들기도 합니다. 정말 열정적으

예배
사색

로 찬양하던 사람들이 설교를 시작하면서(설교 중간이라면 제 설교에 문제가 있다고 볼 수도 있겠는데) 바로 분위기가 가라앉고 지루함을 견뎌야 하는 모드로 전환됨을 느낄 때는 단순히 문화의 문제가 아니라 예배에 대한 오해의 문제라는 생각이 든다는 말입니다.

예배의 중심은 설교도 아니고, 찬양도 아닙니다. 예배의 중심은 우리의 찬양을 받기에 합당하시고, 그분 말씀이라면 우리가 어떤 것이든 순종할 수 있는 전능하고 선하신 하나님 아버지를 향한 경외입니다. 그래서 준비 찬양이란 것도 없고, 예배의 구색을 맞추기 위한 설교란 것도 없습니다.

가끔 집회에 초청받으면 제 설교에 맞추어 찬양 곡을 선별하도록 부탁받는 경우도 있고(대체로 설교 후에 어떤 찬송을 부르면 좋을지 묻기도 합니다) 찬양 곡을 정하기 위해 제 설교 원고를 부탁받는 경우도 있습니다. 그렇게 예배가 통일성을 갖추는 것에는 아무 문제가 없습니다. 하지만 그 의도가 예배를 제 설교에 맞추기 위함이라면 문제가 있습니다. 예배의 통일성과 설교 중심은 결과적으로는 같을지 몰라도 인식에 있어서는 엄청난 차이가 있습니다. 하나님의 속성이나 하나님이 하신 일 중 하나의 주제를 가지고 찬양과 설교가 함께 어우러져서 하나님을 바라볼 수 있도록 하는 것은 예배의 중심을 설교에 두어서 찬양이 설교를 돕고 보조하도록 하는 것과는 아주 다른 것이기 때문입니다.

물론, 그러니까 예배를 시작하기 전에는 찬송을 부르면 안 된다는 말도 아니고, 그때 부르는 찬송을 '준비 찬송'이라고 칭하면 안 된다는 말도 아닙니다. 의식의 문제입니다. 찬송이 교회 안에서 다른 용도로 사용되는 것도 가능하지만 찬송이 하나님을 높여 예배하는 행위로 인식되지 않는다면 소중한 것을 잃어버린 것 같아서 안타깝다는 말입니다.

찬송을 부르는 것은 단순히 예배를 준비하는 것이나 설교자를 돕기 위한 것이 아니라 예배의 행위입니다. 찬송을 통해 신앙을 표현하고 있다고 생각했는데, 사실은 달걀 삶는 시간을 재는 용도로 부른 것이라면 참 허무합니다. 설교자가 회중과 함께 찬송을 부르고 있다고 생각했는데, 단지 설교하기 위해 마음을 가다듬을 시간을 가지는 것에 지나지 않았다면 그것도 허무합니다. 우리가 예배라는 이름으로 한곳에 모였다면 설교를 들으러 온 것도 아니고, 찬송을 부르러 온 것도 아닙니다. 설교와 찬송을 통해 예배하러 온 것입니다. 예배를 시작하는 순간부터 설교자는 예배자임을 잊지 말아야 할 것입니다.

숨은 하나님
찾기

한 유대 랍비의 손자가 친구들과 숨바꼭질 놀이를 했습니다. 아이는 숨을 차례가 되자 아주 좋은 곳을 찾아 꼭꼭 숨었습니다. 아무도 못 찾을 것이라고 생각하고 꼭꼭 숨어 있었는데 정말 한참을 기다려도 아무도 오지 않았습니다. 한참 후에 나와 보았더니 친구들은 숨어 있는 아이를 찾지 않고 다 집으로 가 버렸습니다. 아이는 집으로 돌아와 랍비인 할아버지에게 자기가 숨었는데 아무도 자기를 찾지 않고 다 집으로 가 버렸다고 울면서 하소연했습니다. 그러자 할아버지가 눈물을 흘리면서 말했습니다. "하나님도 같은 말씀을 하신단다. '내가 숨으면 아무도 나를 찾으려고 하지 않는다.'" 하나님도 가끔 숨으십니다. 어느 때는 꼭꼭 숨으십니다. 마치 한번 찾아보라는 듯이.

제가 로스앤젤레스에 있는 교회에 부임하고 얼마 지나지 않았을 때, 권사님 한 분이 찾아오셔서 질문하셨습니다. "하나님 앞에서, 하나님과 함께한다는 말이 무슨 말입니까?" 아마 제가 설교를 하면서 '하나님 앞에서'라는 말을 자주 사용했나 봅니다. 그분은 예배 중에 하나님의 임재를 느낄 수가 없는데 어떻게 하면 하나님을 경험하는 예배를 할 수 있는지 질문하신 것입니다. 저는 '하나님 앞에서'가 어떤 의미인지 장황하게 설명해 드렸지만 사실 이해로 해결될 문제는 아니라서 그분은 결국 교회를 떠나셨습니다. 그 권사님이 기대하신 것이 무엇이었는지 지금도 정확히 모르지만 하나님 앞에 예배하면서도 하나님의 임재가 느껴지지 않아 답답한 경우는 어쩌면 누구나 경험하는 일인지도 모릅니다. 예배에 들어가는 순간부터 하나님의 임재가 강하게 느껴져서 마음에 평안이 생기고, 찬양 가사 하나하나가 새롭게 들리고, 대표 기도를 하는 분의 기도가 절절히 공감되고, 설교가 영혼에 울림을 준다면 얼마나 좋을까요?

물론 그렇지 못함은 찬양이 새롭지 않고, 설교가 진부해서일 수도 있습니다. 아니면 예배하는 사람들의 마음이 준비되지 않아서일 수도 있습니다. 또 다른 중요한 이유 중 하나는 하나님이 당신의 임재를 감추시기 때문일 수도 있습니다. 하나님은 늘 거기 계셔서 당신을 밝히 드러내시는데 우리가 그분을 알아보지 못하

예배
사색

기도 하지만, 때로는 하나님이 당신을 감추셔서 알아볼 수 없는 경우도 있습니다. 간절히 찾는데도 항상 하나님이 방금 전까지 거기에 계시다가 떠나신 자리에 있는 것 같기도 하고, 아무리 기다려도 오지 않으실 엉뚱한 곳에서 하나님을 찾고 있는 것 같아 혼란스럽다고 한 어느 분의 말에 충분히 공감할 수 있습니다.

처음 교회를 개척했을 당시에 30명이 안 되는 장년이 모여 예배하는 자리가 제게 감동이기는 했지만 항상 뭔가 아쉬웠습니다. 시간이 지나 찬양대가 생기고, 예배당이 차기 시작하면서 전통적인 예배의 구색을 갖추는 등 제 마음에 매 주일 변화에 대한 기대로 설렘이 있었는데도 역시 아쉬웠습니다. 저는 그 아쉬움이 저의 부족에서 기인한다고 생각했습니다. 20년 정도 예배를 인도하면서 분위기도 읽을 수 있고, 어느 정도 분위기를 만들 수 있는 노련함이 생겼는데도 여전히 아쉬웠습니다. 몹시 답답해서 예배를 시작해서 인도하다가 중간에 멈추고 교인들에게 제가 준비되지 않았음에 용서를 구하고 예배를 처음부터 다시 시작한 적도 몇 번 있었습니다. 돌아보면 제가 느낀 아쉬움과 공허함은 하나님의 임재에 대한 갈증이 아니었을까 싶습니다. 이 아쉬움과 공허함이 참 답답하기도 하고 죄송스럽기도 합니다. 그런데 저는 항상 제 부족 때문이라고만 생각했지 한 번도 하나님이 의도적으로 숨으시고 찾아보라고 하신다는 생각은 해본 적이 없습니다.

꼭꼭 숨어 찾아보라고 하시는 하나님의 심술궂음을 통해 예배는 언제나 하나님의 임재를 경험하는 시간이 아니라 하나님의 임재를 찾는 시간이기도 함을 알게 됩니다. 숨은 하나님은 우리가 하나님을 찾아냈을 때에만 기뻐하시는 분이 아니라 숨은 하나님을 열심히 찾고 있을 때에도 숨을 죽이고 기뻐하시는 분입니다. 아주 가끔은 바람처럼 지나가는 뒷모습을 보여 주시기도 하지만 하나님은 계속 숨어서 찾아보라고 하십니다. 이곳저곳 문을 열어 확인하는 모습과 아주 가까운 곳까지 와서 주변을 살피는 그 긴장된 모습을 주님은 보고 싶어 하시는 거지요. 우리의 문제는 주님을 찾지 못하고 있다는 것이 아니라 조금 찾다가 포기해 버리고 그냥 한곳에 앉아 어디 계시냐고 소리만 지르고 있다는 것입니다. 대충 찾다가 이런 걸 왜 하느냐고 투덜거리고 화를 내고 있다는 것입니다. 조금 찾다가 다른 일에 마음을 빼앗기는 것입니다. 하나님은 찾으라고 하시는데 우리는 계속 안 보인다고만 말하는 것입니다.

많은 사람이 목사란 마치 하나님이 어디 계신 줄 알고 있어서 사람들에게 저기 계시다고 손가락으로 가리키는 사람이라고 생각합니다. 아마도 그래서 저는 목회를 하면서 교인들이 하나님의 임재를 경험하지 못하고 있다는 말에 실패감과 죄책감을 느꼈는지도 모릅니다. 그러나 목사도 '찾는 자'(seeker)입니다. 목사는 함께 찾는 사람이지, 찾아서 알려 주어 교인들이 찾는 수고를 하지 않게 해주는 사람이 아닙니다. "내가 숨으면 아무도 나를 찾으려

예배
사색

고 하지 않는구나"라는 말에서 왠지 모를 슬픔이 느껴집니다. 제 모습 같고, 교인들의 모습 같기 때문입니다. 하나님은 하나님의 백성이 예배를 통해 임재를 경험하기 원하시는 만큼, 임재를 갈급해하며 찾기를 원하신다고 생각합니다.

목회 초기에 웨인 그루뎀(Wayne Grudem) 교수가 저술한 조직신학 책을 번역하던 중에 "우리가 예배하는 곳에는 항상 천군 천사가 함께 예배한다"는 부분을 본 기억이 있어서 저는 예배할 때마다 10명이 예배해도 하늘에 올려 드리는 예배는 보이지 않는 천사들의 합창과 함께 언제나 장엄하고 영광스러운 것임을 잊지 않으려고 했습니다. 그러하기에 예배하면서 제가 상상하는 모습은 언제나 영광스러운 모습입니다. 하나님은 보좌에 앉아 계시고 예배하는 성도들 주변에 천사들이 둘러서서 함께 찬양하는 모습입니다. 사실 생각만 해도 가슴이 설레는 모습입니다.

장차 우리가 경험할 이 영광스러운 예배를 이 땅에서 잠시 맛보는 것이 주일 예배라고 생각했습니다. 그래서 지금도 예배를 통해 교우들과 함께 그 영광의 옷자락을 만지려고 애쓰지만 현실에서 우리가 경험하는 예배는 천사도 보이지 않고 하나님도 보이지 않습니다. 그러다 보니 우리의 예배는 자칫 숨어 계신 하나님을 조금 찾다가 찾기를 포기하고 우리끼리 모여서 잔치 분위기를 맛보려는 모습처럼 보일 수 있겠다 싶습니다. 하나님은 어딘가에 숨어 찾아보라고 하시는데 말입니다. 그래서 저는 예배를 역설적으로 표현해 보고 싶습니다. "예배는 단지 살아 계신 하나님의 임재 앞에 서는 것이 아니라 때로는 숨어 계신 하나님의 임재 앞에 서는 것이다." 예배란 기도에 숨어 계시고, 찬양에 숨어 계시고, 설교에 숨어 계시고, 함께한 성도들 뒤에 숨어 계시기도 한 하나님을 찾는 것입니다.

예배
사색

예배와
쉼

오래전에 알래스카주 배로곶(Point Barrow)이라는 빙하 지역에서 얼음 중간 구멍 난 곳에 피투성이가 된 채 숨을 헐떡이는 고래 세 마리가 발견된 적이 있습니다. 고래들의 유일한 희망은 그곳에서 약 8킬로미터 정도 떨어진 넓은 바다로 가는 것이었는데 얼음 때문에 제대로 움직일 수가 없었습니다. 구조대원들은 약 20미터마다 얼음을 깨고 구멍을 뚫었습니다. 그리고 고래들을 구멍에서 구멍으로 인도해서 넓은 바다로 유인하는 데 8일이 걸렸습니다. 그중 한 마리는 중간에 죽었고, 푸투(Putu)와 시쿠(Siku)라고 불린 두 마리는 8일 만에 넓은 바다로 살아 나갈 수 있었습니다.

콜린 스미스(Colin Smith) 목사는 교회에 대한 네 가지 왜곡된 이미지를 소개했습니다. 사람들은 교회를 '주유소'(영적으로 소진되었을 때 설교를 통해 연료를 공급받는 곳)라고 생각하기도 하고, '영화관'(한 시간 정도 세상의 복잡한 일들을 잊고 좋은 일만 생각하는 곳)이라고 생각하기도 하고, '약국'(상처를 회복하고 치유하는 약을 얻는 곳)이라고 생각하기도 하고, 마트와 같은 '소매점'(가족을 위한 모든 영적인 것을 제공하는 곳)이라고 생각하기도 한다고 했습니다. 이런 이미지들은 결국 교인들의 생각이 얼마나 소비자적인지를 보여 주기 때문에 콜린 스미스는 이런 모습을 경계했을 것입니다. 부분적으로 교회가 할 수 있는, 연료나 필요한 것을 공급하고 상처를 치유하는 사역들을 경계한 것이 아니라 교인들이 교회를 지나치게 소비 지향적으로 이해하고 있는 것을 경계했다는 말입니다. 저는 그런 이미지가 교회에 대한 왜곡된 이미지라는 데 대체적으로 동의하지만, 그렇다고 해서 교회 공동체를 지나치게 비장하게 생각하고 싶지도 않습니다. 마치 헌신된 군사들을 훈련해서 다시 전쟁터로 보내야 하는 훈련소처럼 말입니다.

사사기에는 기드온이 사사가 되어 미디안과 전쟁하는 장면이 나옵니다(삿 7장). 그때 기드온에게 32,000명의 군사가 있었습니다. 두려워하는 사람 22,000명이 돌아가고 10,000명이 남았습니다. 기드온은 그들을 물가로 데려가서 물을 마시게 했습니다. 9,700명이 무릎을 꿇고 물을 마셨고, 300명이 손으로 물을 떠서 마셨습니다. 하나님은 무릎을 꿇고 마신 사람들을 돌려보내고 300명을 택하셨습니다.

사람들은 종종 300명은 전쟁할 마음의 준비가 된 사람들이고, 9,700명은 훈련되지 못한 사람들이었기 때문에 준비된 사람들을 통해 구원하셨다고 말합니다. 무릎을 꿇고 물을 마셨다는 것은 군인으로서 방심한 마음 상태를 보여 준다는 것입니다. 하지만 300명이 잘 훈련된 사람들이라는 근거를 저는 본문에서 찾지 못하겠습니다. 하나님이 300명을 택하신 이유는 손으로 물을 떠서 마신 사람의 수가 적었기 때문입니다. 300명이 무릎을 꿇고 물을 마셨다면 하나님은 그들을 택하셨을 겁니다. 다시 말하면 그들이 잘 싸워서 이긴 것이라고 자랑하지 못하도록 하고 전쟁의 승리는 하나님 손에 있음을 보여 주기 위해서입니다. 훈련을 받아 정예군이 되는 것도 필요하지만, 저는 교회가 정예군을 만드는 곳은 아니라고 생각합니다.

예배를 인도하면서 교인들이 많이 지쳐 있다는 느낌을 받을 때가 많았습니다. 조는 교인도 있고, 힘차게 찬송을 부를 기운이 없어 보이는 교인도 있습니다. 예배를 인도하는 입장에서는 그런 교인들을 보면 저도 기운이 빠집니다. 그런데 달리 생각해 보면 교인들이 마치 빈틈없는 빙하에서 구멍에 머리를 내밀고 숨을 쉬는 고래 같기도 합니다. 예배를 마치고 나면 또 다른 구멍을 향해 일주일간 다시 헤엄을 쳐야 할……. 그래서 한 주 동안 고되게 살다가 지친 몸과 마음으로 쉼을 찾아 나온 교인들이 측은해 보입니다. 일주일을 힘들게 살다 왔으니 측은하고, 또 일주일을 그렇게 살아야 하니 측은합니다. 소비자적인 태도 역시도 지친 몸과 마음을 비본질적인 것으로라도 채우겠다는 심정에서 비롯된 것일 테니(그렇다고 교회의 변질을 합리화할 마음은 없지만) 아무튼 교인들이 지치고 피곤한 것은 틀림없습니다.

예배가 쉼이면 좋겠습니다. 잠시라도 복음의 은혜 안에서 하나님의 사랑을 확인할 수 있으면 좋겠고, 뭔가를 해야 한다는 강박을 벗고 아득을 주신 사랑을 누리면 좋겠습니다. 그래서 저는 교인들에게 종종 하나님은 예배를 통해 "너는 나를 얼마나 사랑하느냐?"가 아니라 "내가 너를 얼마나 사랑하는지 아니?"라고 묻고 싶어 하신다는 것을 상기시킵니다. 쉼이란 하나님을 감동시켜 얻는 결과가 아니라 하나님에게 감동됨으로 주어지는 것입니다. 예배에서는 하나님을 감동시키려 하기보다 하나님에게 감동되어야 합니다. 예배는 처음부터 쉼을 위한 것이지, 일을 위한 것이 아니었습니다. 하나님이 예배하라고 하실 때는 누리라는 것이지, 무엇을 드리라는 것이 아니었습니다.

웨스트민스터 소요리 문답의 첫 번째 질문에 대한 대답에서 볼 수 있듯이 하나님을 영화롭게 하는 것과 하나님을 영원히 즐거워하는 것은 결국 같은 것입니다. 하나님을 영화롭게 함은 마치 누군가의 방문과 예배를 절실하게 기다리는 외로운 분을 찾아

예배
사색

가 위로해 드리는 것이 아닙니다(C. S. 루이스도 처음에는 그렇게 이해해서 영광을 구하는 하나님이 못마땅했다고 했습니다). 하나님을 즐거워하는 것이 의무나 일일 수 없는 것처럼 하나님을 영화롭게 하는 것도 일이 아닙니다.

아주 가끔 집안일에 지쳐서 짜증을 내는 아내에게 제가 "여보, 오늘은 손가락 하나 까딱하지 말고 가만히 있어. 내가 다 할게"라고 말한다고 가정해 보지요(사실 가정이 아니라 경험이라고 말하고 싶은데, 부끄럽게도 그렇게 말한 적이 없습니다). 제 아내는 이렇게 말할 겁니다. "그래요. 오늘은 내가 꼼짝도 하지 않을 테니까 당신이 다 해봐요." 어설프지만 제가 열심히 요리하고 식사를 준비합니다. 그런 제 모습을 보면 아내는 마치 피곤이 다 풀린 듯 "그게 뭐야. 저리로 가요. 내가 할게"라고 말하면서 제 자리를 빼앗을 겁니다. 아내가 짜증내지 않고 일하게 만드는 방법으로 제가 이 말을 소개한다면 제 아내는 속았다고 할 겁니다. 헌신을 통한 사랑의 표현은 하나님으로 하여금 일하시도록 하기 위한 것이 아닙니다. 섬김을 통한 사랑의 표현은 사랑의 관계를 확인하는 것입니다. 사랑이 쉼입니다. 그리고 쉼이 일입니다.

설교자는 교인들이 주님을 위해 헌신하게 하는 사람이 아니라 교인들이 주님 안에서 쉴 수 있도록 하는 사람입니다. 헌신은 교인들이 하는 것이지 목사가 하게 만드는 것이 아닙니다. 순종과 헌신에 관한 설교를 하면 안 된다는 말이 아닙니다. 교인들이 믿음으로 이 세상을 살아가는 것이 얼마나 어려운지 이해해야 한다는 말이고, 그렇게 믿음으로 살아가려는 교인들을 측은히 여기는 마음이 있어야 한다는 말입니다. 아니, 좀 더 정확히 말하자면 그렇게 측은히 여기는 하나님의 마음을 전달해야 한다는 말입니다.

저는 예배하기 위해 모인 교인들이 참된 쉼을 경험하고 돌아가면 좋겠습니다. 그래야 다음 구멍까지 헤엄을 칠 수 있을 테니까요. 어느 때는 지친 교인들을 보면 빙하의 구멍에 고개를 내밀고 숨을 몰아쉬는 고래를 보는 것 같습니다. 하지만 제 마음은 주님의 마음에 비할 바가 아니겠지요,

예배
사색

예배 전
10분

　　　　　　한번은 S. D. 고든(Gordon) 목사가 화가인 친구의 전시회에 갔답니다. 그 친구는 고든 목사를 반갑게 맞이하고는 아무것도 없는 컴컴한 방으로 안내했습니다. 그곳에 앉아 있으라고 하고는 10분이 지난 후에 그를 데리러 와서 전시장으로 인도했습니다. 고든 목사가 친구에게 왜 그랬느냐고 물었습니다. 친구가 대답했습니다. "도시의 찬란한 불빛에 눈이 익숙해 있기 때문에(시선이 타락해 있기 때문에) 잠시 동안 어두운 곳에 조용히 앉아 있다가 그림을 감상해야 그림의 의미가 느껴지고 색채와 형상이 지닌 진가를 알 수 있기 때문일세."

　　우리는 세상에서 참 많은 것을 듣고 보면서 살아갑니다. 우리가 보고 듣는 것들에는 유익한 것도 있지만 몸과 마음에 해가 되는 것도 많습니다. 심리학에 "노출의 법칙"(The Law of Exposure)이라는 것이 있답니다. 사람은 많이 노출되는 것에 영향을 받는다는 것인데, 폭력적인 것에 많이 노출되면 그만큼 영향을 받고(폭력적이 되든, 폭력에 무뎌지든, 아니면 폭력을 혐오하게 되든) 성적인 것에 많이 노출되면 그만큼 영향을 받는다는 것입니다. 세상을 살아가는 대부분의 그리스도인은 일주일 동안 살면서 영적인 것보다는 세속적인 것에 더 많이 노출되어 살아갑니다. 여기서 '영적'이란 단순히 종교적인 것을 의미하는 것이 아니라 하나님의 존재를 인정하고 하나님의 임재 앞에서 살아가는 삶의 방식을 의미하고, '세속적'이란 하나님이 존재하지 않는 것처럼 생각하고 살아가는 삶의 방식을 의미합니다.

묵상을 하는 것도, 기도로 하루를 시작하는 것도 결국은 하나님의 임재 앞에서 살아가겠다는 결심일 텐데 정작 하루의 삶에서 그것들은 격리된 경건의 시간일 뿐 하루를 지탱하게 만드는 힘이 되지 못할 때가 많습니다(구별된 시간만의 경건은 없는 것보다는 낫지만 만족스럽지는 않습니다). 그렇다고 항상 하나님만 생각하며 살 수 있을 만큼 한가하지도 않습니다. 세상의 삶의 방식 앞에서의 끊임없는 갈등과 마찰은 우리를 무척 피곤하게 만들고 쉽게 지치게 만듭니다. 세상에서 살면서 일상의 일들을 잊어버리고 하나님만 생각하고, 영적인 것에 적나라하게 노출되는 수련회나 기도회 때

예배
사색

처럼 살 수는 없으니까요.

그렇게 버겁게 일주일을 보내고 주일에 교회 예배에 참석한다고 해서 마음과 생각이 갑자기 변신하게 되는 것은 아닙니다. 굳이 교회 밖에 있는 일들을 생각해서가 아니더라도 이미 우리는 세상에 상당히 노출되었고 우리의 시선은 그만큼 타락(?) 했기 때문입니다. 이것은 어쩔 수 없는 일입니다. 세상에 있는 것들을 보지 않고 은둔자의 삶을 산다면 몰라도 세상에서 살아가야 한다면 저는 그것을 '불가피한 타락'이라고 부르겠습니다. 궂은일을 아예 하지 않으면 모를까 손을 더럽히지 않고는 궂은일을 할 수 없고, 옷에 먼지가 묻지 않기를 기대하면서 산책을 할 수는 없으니까요. 세상에 속하지 않은 사람이 세상에서 살면서 눈이 더러워지지 않기를 기대하거나 옷에 먼지가 묻지 않기를 기대할 수는 없는 일입니다. 우리는 직간접적으로 죄에 참여하게 되고, 심지어 누군가에게 유익을 주는 일도 다른 누군가에게는 피해가 되기도 합니다.

그래서 저는 예배하기 위해서 모인 사람들이 전혀 마음의 준비도 되지 않은 상태에서 찬송을 부르고 기도하는 자신의 모습을 위선적으로 느끼는 것은 당연할 수 있다고 생각합니다. 때로는 예배하는 모습이 마치 스위치를 끄고 켜듯이 갑자기 전환된 격리를 보여 주는 것 같다는 이원화가 당황스러운 건 당연한 일이니까요. 그래서 그런 타락(?) 을 못 견뎌 하는 순진한 사람들은 지속적으로 예배하기가 힘들어지기도 합니다. 자신이 위선자 같고, 주변에 있는 모든 사람이 다 위선자 같다는 불편한 진실을 마주하면서 양심이 무뎌져 가는 것을 보는 것도 쉬운 일이 아니니까요. 그것도 이해가 됩니다. 그래서 제게는 C. S. 루이스가 「순전한 기독교」(*Mere Christianity*, 홍성사 역간)에서 진짜 하나님의 아들이 되기 위해서는 하나님의 아들인 것처럼 분장해야 한다고 한 말이 위로가 됩니다. 그렇게 이중적인 모습은 세련된 위선의 모습이나 무감각해진 양심의 모습처럼 보이기도 하지만 세상에 있으나 세상에 속하지 않은 역설적 위치에 있는 그리스도인으로서 여전히 그리스도를 닮아 가며 그분과 동행하려는 노력을 멈추지 않는 모습으로 보이기도 하기 때문입니다.

예배를 위한 마음의 준비를 말하면서 꽤 거창하게 말한 것 같습니다. 이런 거창한 실존적 고민 앞에 지나치게 가벼워 보이기는 하지만 저는 실제적인 제안으로 '예배 전 10분'을 말하고 싶습니다. 예배 전에 10분만 차분히 마음과 생각을 가라앉히는 시간을 갖자는 것입니다.

제가 독일에서 어느 예배에 참석했을 때입니다. 예배를 시작하기 전 묵직한 오르간 연주가 예배당을 들어가는 순간부터 저를 압도하는 경험을 한 적이 있습니다. 마치 안과 밖을 구별하는 경계선과 같은 느낌이라고 할까요? 분리나 격리가 아닌 구별된 시간과 공간의 선언이라고 할까요? 그것이 꼭 오르간이거나 음악일

예배
사색

필요는 없습니다. 늘 하는 형식적인 종교 행위로 예배를 시작하기 전에 기도를 하라는 말이 아닙니다(그것도 아마 처음에는 그런 형식적인 것이 아니라 제가 말하고 싶은 것을 표현한 방식이었겠지요). 예배하기 전에 예배에 감정이입을 할 수 있는 마음의 준비를 말하는 것도 아닙니다. 하나님의 임재에 대한 인정과 의식을 말하는 것이고, 세상에 있으나 세상에 속하지 않은 우리의 정체성에 대한 인정과 의식을 말하는 것입니다. 하나님의 임재를 인정하는 것은 과거의 한 시점에 인정한 것으로 끝나는 것도 아니고, 그냥 인정한다고 말함으로 끝나는 것도 아닙니다. 저는 하나님의 임재를 경험하는 것도 훈련이라고 생각합니다. 그냥 하나님의 존재와 속성, 예수 그리스도의 삶, 성령의 인격적인 역사 중 무엇이든 차분히, 그리고 진실함으로 인정하는 데도 시간이 필요합니다.

<뉴요커>(New Yorker)지에 현대인을 묘사한 삽화가 실린 적이 있습니다. 프랑스 루브르 박물관을 방문한 부부가 헐레벌떡 뛰어와서 외칩니다. "<모나리자>는 어디에 있습니까? 저희가 이중 주차를 해놔서요!" 육체적으로, 정신적으로, 영적으로 많은 사람이 이중 주차를 한 마음으로 예배에 임합니다. 그림을 제대로 감상하기 위해서는 10분간 암실에 있어야 할 만큼 우리의 시선이 우리도 모르게 타락해 있다는 말이 틀리지 않다면, 이중 주차한 다급한 마음으로 <모나리자> 앞에 점을 찍고 가듯이 예배하지 않으려는 의도적인 노력이 필요합니다. 이미 하나님의 존재를 인정하

고 믿음으로 살기로 한 사람이라도 예배에서 하나님의 임재를 인정하는 데 시간이 필요합니다.

현대인을 묘사하는 세 단어는 "Hurry! Worry! Bury!"(근심과 걱정으로 급하게 살다가 묻히는 것)라는 말이 있는 것처럼 세상의 일들로 염려하며 정신없이 살던 사람이(그리스도인도 마찬가지입니다) 그런 삶에 저항하며 예배하기 위해 나온다면 급한 마음으로 예배하지 않으려는 노력이 필요합니다. 그래서 저는 감히 예배 전 10분이 예배 전체를 좌우한다고 말하고 싶습니다. 그 시간은 세상의 시각에 대한 저항의 시간이고, 비행기가 이륙하기 전 스위치를 켜고 다 잘 작동되는지를 점검하는 시간입니다.

예배
사색

예배자의
가치

마이클 코스타(Michael Costa)는 19세기 영국 왕궁 오케스트라를 지휘한 이탈리아 출신 음악가입니다. 한번은 그가 아주 큰 합창단의 찬양을 지휘하게 되었습니다. 성악가 100여 명의 합창, 오르간과 현악기, 관악기의 장엄한 연주는 정말 감동적이었습니다. 연습 중에 한구석에서 피콜로를 연주하던 사람이 갑자기 자신의 악기가 몹시 초라하다는 생각이 들었습니다. 심벌즈, 오르간, 그리고 여러 악기 소리에 묻혀서 피콜로 소리는 들리지도 않았으니까요. '이런 웅장함 가운데 내가 내는 소리가 무슨 의미가 있을까? 내가 소리를 내지 않아도 아무 표도 나지 않을걸.' 어떤 일을 할 때 주눅이 들면 귀찮아지는 법입니다.

그래서 그는 연주하는 시늉만 하고 소리를 내지 않았습니다. 그런데 열광적으로 지휘하던 코스타가 갑자기 지휘를 멈추었습니다. 그리고 말했습니다. "피콜로는 어디 있습니까?" 참 대단한 귀입니다.

사람들은 자신의 가치가 인정되는 곳에 있고 싶어 합니다. 단순히 어색해서가 아니라 아무도 자신의 존재 가치를 알지 못한다는 것 때문에 자신을 모르는 사람들이 모인 곳에는 가고 싶어 하지 않습니다. 자기를 알아주는 사람이 아무도 없는 곳에 가서 예배하고 싶은 마음이 있는 사람이라 할지라도 어쩌면 그것은 사람들 때문에 받은 상처의 반응일 뿐이지 사람들이 모인 곳을 싫어하고 두려워하는 광장공포증(agoraphobia)의 증상은 아닐 것입니다.

사람들은 자기를 알아봐 주고 반겨 주는 곳을 가고 싶어 합니다. 아무도 반겨 주지 않을 것이라는 두려움이 지레 사람들을 주저하게 만들기도 합니다. 그래서 내 교회가 좋고, 내 교회 예배가 가장 편합니다. 내 교회에서는 찬양할 때 목청을 높일 수도 있고, 기도가 저절로 나오고, 설교 중에 재미있는 이야기를 들으면 호탕하게 웃을 수도 있습니다. "어디에 가도 우리 교회처럼 좋은 곳이 없어요"라는 말은 진심으로 할 수 있는 말입니다. 저도 그런 편안함과 안정됨이 참 좋습니다. 거기서는 아무리 작아도 제 존재의 소리를 사람들이 듣고 있다는 확신이 있으니까요.

저는 참 많은 교회의 예배에 참석했습니다. 설교자로 참석하는 것과 일반 교인으로 참석하는 것에는 큰 차이가 있는 것이 사실이지만, 저도 다른 교회의 예배에 참석하면 많이 긴장되고 어색합니다. 모르는 청중 앞에서 설교해야 한다는 부담도 있지만 솔직히 예배에 집중하는 것을 방해하는 요소가 참 많습니다. 예배 자리에서는 최선을 다해 예배하고 하나님에게만 집중하자는 마음이 있지만 어쩔 수 없이 사람들을 보게 됩니다. 사람이 모인 곳에서 사람을 보는 것은 어쩔 수 없는 일입니다. 모인 사람들이 예배에 도움이 되기도 하고 방해가 되기도 합니다.

그런데 사실 가만히 생각해 보면 제 문제는 사람을 보는 데 있는 것이 아니라 저 자신을 보는 데 있음을 발견하게 됩니다. 사람을 보는 것이 문제가 아니라 사람을 통해서 저 자신을 보는 게 문제라는 말입니다. 혼자서 연주할 때는 내가 연주하는 피콜로 소리에 취해서 스스로 생각해도 내가 아주 잘한다고 생각하는 것이 문제이고, 함께 연주할 때는 내가 연주하는 피콜로 소리가 다른 소리들에 묻혀서 들리지 않을 것이라고 위축되는 것이 문제라는 말이지요. 예배의 가장 큰 방해는 결국 '자기 자신'인 셈입니다. 이 문제가 설교자인 제게는 더욱 심각합니다. 제가 어떤 마음으로 어떤 말씀을 전했는가보다는 교인들의 반응에 우쭐해지기도 하고 주눅 들기도 하니까요.

예배자의 자존감은 어디에서 비롯되어야 할까요? 예배자의 자존감은 청중 앞에 비춰진 자신의 모습이 아니라 하나님 앞에 비취진 자신의 모습에서 비롯되어야 합니다. 오래 다닌 교회에서의 편안함과 익숙함은 자신을 과대평가하게 만들고, 처음 가는 교회에서의 어색함과 생소함은 자신을 과소평가하게 만들 수 있습니다. 분위기 문제가 아니라 예배자로서 자존감의 문제입니다.

한 유명한 강연자가 청중 앞에서 5만 원짜리 지폐를 꺼내 들었습니다. 그리고 청중에게 물었습니다. "이 지폐를 원하는 사람에게 드리겠습니다. 이 지폐를 원하는 분, 손 들어 보세요." 거의 모두 손을 들었습니다. 강연자가 지폐를 험하게 구겼습니다. 그리고 물었습니다. "아직도 원하는 분, 손 들어 보세요." 여전히 모두 손을 들었습니다. 이번에는 땅에 던져 발로 밟았습니다. "아직도 원하는 분, 손들어 보세요." 손을 든 사람의 수는 달라지지 않았습니다. 그 지폐의 가치는 얼마나 깨끗하고 얼마나 빳빳한가에 있는 것이 아니라 5만 원짜리 지폐에 주어진 본유적인 것입니다.

저는 예배에 임하면서 예배자로서 제 가치에 대해 종종 묵상합니다. 예배에서 제 가치는 제가 설교자라는 데 있지 않습니다. 예배에 기여할 수 있는 기여도가 높다는 데 있지 않습니다. 회중에게 내가 있어도 그만, 없어도 그만인 존재라는 데 있지도 않습니다. 사람들이 함께 모여 예배라는 행위를 하고 있어서 서로의 모습에서 자기를 보아야 하는 어쩔 수 없는 현실이라도 진실로 하나님의 임재를 인정한다면 예배자로서 제 가치는 제가 하나님의 은혜를 입은 자요, 이 땅에 사는 동안 예수 그리스도를 주라 고

예배
사색

백하며 평생을 예배자로 살기로 작정하고 그분의 주 되심을 고백하는 자라는 데 있습니다. 저는 그 예배에 없어서는 안 될 꼭 필요한 사람도 아니고, 있어도 그만, 없어도 그만인 사람도 아닙니다. 예배자로서 제 가치는 기여도나 능력, 혹은 사람들에게 비친 존재감에서 비롯되는 것이 아니라는 말입니다. 물론 이 가치는 단순히 하나님만 알아주시면 되는 가치는 아닙니다. 그럴 것이면 은혜를 입은 자로서의 가치를 존중하지 않는 공동체의 예배에 참석하고 싶지 않을 것입니다. 예배로 모인 공동체가 그 가치를 인정해 주어야 합니다.

예배를 주관하시고 예배를 받으시는 주님은 예배 자리에 모인 사람들의 아름다운 하모니를 들으시며 "왜 피콜로 소리는 안 들리는 거야?"라고 말씀하실지 모릅니다. 어쩌면 심벌즈에게 "왜 심벌즈 소리가 이렇게 큰 거야?"라고 말씀하실지 모릅니다. 주님은 모든 소리를 하모니로 듣고 싶어 하십니다. 주님의 귀는 마이클 코스타의 귀보다 훨씬 좋습니다. 주님은 일주일 동안 참 험하게 사느라 피곤하고 지친 사람의 기도 소리를 듣고 싶어 하십니다. 주님은 일주일 동안 주님의 임재를 의식하지 않고 많은 죄를 지은 사람의 기도 소리도 듣고 싶어 하십니다. 주님은 비교적 거룩하게 살았던 유능하고 경건한 사람의 찬송 소리가 지나치게 튀지 않기를 원하십니다. 주님은 자기를 인정해 달라고 목청을 높이는 설교자의 소리만 가득한 독주회가 아니라, 모든 악기, 모든 합창단원이 함께 소리를 내는 연주회를 원하십니다.

기억합시다. 예배자의 가치는 "그런즉 이제는 내가 사는 것이 아니요 오직 내 안에 그리스도께서 사시는 것이라"(갈 2:20)는 진실한 고백에 있습니다.

주님은 예배 자리에서 물으십니다. "피콜로는 어디 있느냐?" 주님이 이 질문을 하신다면 예배하는 공동체 안에서 예배를 인도하는 사람도, 그리고 함께 연주하는 사람도 들을 귀가 있어서 "피콜로는 어디 있습니까?"라는 질문을 할 수 있으면 좋겠습니다. 여러분은 여러분이 예배 자리에서 피콜로 소리가 들리지 않는 것을 눈치 채셨습니까?

예배
사색

내일이 아닌
지금!

오래전에 <로스앤젤레스 타임즈>(*LA Times*)지에 실린 기사입니다. 한 남자가 20년 전에 살던 집 앞을 지나가게 되었답니다. 갑자기 향수가 생겨서 집 문을 두드리고 현재 살고 있는 사람에게 집을 둘러보아도 되겠느냐고 요청했습니다. 주인의 허락으로 집을 둘러보다가 다락방에 갔습니다. 그런데 놀랍게도 거기서 옛날에 자신이 입던 재킷을 발견했습니다. 아무도 그 방을 치우지 않았나 봅니다. 재킷 주머니에 손을 넣으니 영수증 하나가 나왔습니다. 구둣방에 수선을 맡긴 영수증이었습니다. 그 구두를 찾지 않았던 겁니다! 그는 영수증을 들고 구둣방에 갔습니다. 구둣방이 아직 거기에 있었습니다. 장난삼아 영수증을 내밀었습니다. 그러자 주인이 잠깐 기다리라고 하고는 안에 들어갔다가 나왔습니다. 그러고는 말했습니다. "아직 못 끝냈네요. 다음 주 목요일에 오세요." 정말 놀랍지요? 실제로 있었던 일이랍니다. 재촉하고 확인하지 않으면 20년도 미룰 수 있습니다.

저는 30년 동안 거의 매주 설교했지만 설교 준비가 부담스럽지 않은 주는 한 번도 없었습니다. 설교가 부담스러운 것이 아니라 설교 준비가 부담스러운 것입니다. 동부에서 목회할 때는 폭설 때문에 주일 예배로 모이지 못할 때가 일 년에 한두 번 정도 있었습니다. 주말에 눈이 온다는 예보가 있으면 저는 이리이리처럼 눈이 오기를 기다렸습니다. 설교 준비를 안 해도 되니까요. 하지만 예보를 믿고 준비하지 않았다가 낭패를 당할 수도 있으니까 억지로 설교를 준비합니다(설교를 하지 않을 수 있다고 생각하면 설교 준비가 훨씬 힘이 듭니다). 거의 금요일까지 미루지요. 눈이 오는 게 확실해지면 설교 준비를 안 해도 되니까요. 그렇게 억지로 금요일 저녁 혹은 토요일 오전에 설교 준비를 마칩니다.

일단 설교 준비를 마치고 할 말이 생기면 그다음부터는 눈이 올까 봐 걱정입니다. '이 설교는 이번 주에 꼭 해야 하는데 눈이 오면 어쩌지?' 어떻게 그럴 수 있을까 싶을 만큼 마음이 돌변해서 너무 설교가 하고 싶어집니다. 설교하기를 좋아하면서도 설교 준비에 부담을 느끼고 있던 것입니다.

그런데 가만히 생각해 보면 저는 설교를 준비하는 과정도 사

예배
사색

실은 좋아했습니다. 성경을 읽고 그 말씀의 의미가 무엇일지 공부하고 글을 쓰는 작업도 즐긴 것 같습니다. 다만 무언가를 만들어 내야 한다는 부담 때문에 시작하기가 어려웠던 것이지요. 이런 제가 이해되시나요? 킴 리네한(Kim Linehan)은 이런 제가 이해된다고 말할 것 같습니다.

킴 리네한은 수영 선수였습니다. 1979년 당시 17살 때 1,500미터 자유형 세계 신기록을 세웠습니다. 그의 코치였던 폴 버건(Paul Bergen)에 따르면, 리네한은 아주 건강한 체력의 소유자로 하루에 10-20킬로미터까지 수영을 할 수 있었고 수영을 아주 즐겼습니다. 인터뷰 중에 리네한을 지도하면서 무엇이 가장 어려운 일이었느냐고 물었습니다. 코치는 의외의 대답을 했습니다. "물속에 들어가도록 하는 것이요." 수영을 그렇게 좋아하는데 처음 물에 들어가도록 하는 게 어려웠다는 말이 이해되시나요?

그런데 이것은 교인들의 경우도 마찬가지라고 생각합니다. 제가 알고 있는 많은 교인이 예배하기를 좋아합니다. 많은 교인이 새벽에 일어나 기도하는 것도 좋아한다고 말합니다. 그런데 정작 새벽에 일어나 기도하는 사람은 많지 않습니다. 일어나기가 싫어서입니다. 예배를 좋아하는 사람도 어느 때는 그냥 집에서 쉬고 싶고 예배당에 나오고 싶어 하지 않습니다. 새벽 기도회에 나왔다 갈 때는 항상 오기를 잘했다 싶어서 다음 날도 꼭 오겠다고 다짐하면서도 다음 날 아침이면 또 일어나기가 싫습니다. 저는 이

것을 궁극적 욕망이 즉흥적 욕망을 이기지 못하기 때문이라고 표현하기도 하는데, 이런 경우는 누군가 혹은 무엇인가가 억지로라도 끌어 주는 게 도움이 됩니다. 궁극적인 욕망이 없는 경우는 그렇게 누군가 억지로 시키는 것이 몹시 싫겠지만 말입니다.

좋아하는 것도 시작은 어렵습니다. 하고 싶은 일이기도 하고, 그 일의 결과를 아주 잘 알지만 그 일의 과정 역시도 알기 때문이고, 인간의 본성상 있던 곳에 안주하기를 원하기 때문입니다.

저는 성격상 누군가에게 강요하지 못합니다. 알아서 해야지, 하라고 해서 하는 게 무슨 유익이 있겠나 싶어서 묵히를 하면서도 강요한 적이 없습니다. 기도회든 성경 공부든 교인들에게 광고하면 결정은 교인이 해야지 따로 전화를 한다든지 꼭 오도록 강요하는 것은 바람직하지 않다고 생각했습니다. 제가 누군가의 강요나 적극적인 추천을 부담스러워하는 만큼 남들도 그럴 것이라고 생각한 것입니다.

그런데 돌아보면 누군가가 제가 정말로 원하는 것을(그것이 무엇인지 알아서) 억지로라도 강권했더라면 더 많이 이루고 즐길 수 있었겠다 싶은 마음이 있습니다. 예를 들면 이런 것입니다. 강원도 문막이라는 곳에 집회를 하러 갔는데 그 교회 목사님이 미술관을 좋아하느냐고 물었습니다. 좋아한다고 했더니 그 지역에 있는 미술관을 보여 주겠다고 하셨습니다. 걸어 다녀야 하는 것도 엄두가 나지 않고 그냥 숙소에서 쉬고 싶어서 괜찮다고 했습니

예배
사색

다. 하지만 목사님이 워낙 강권하셔서 마지못해 따라갔습니다. 휠체어를 준비하셔서 구석구석 다 관람할 수 있게 해주셨습니다.

괜찮다는 제 의사를 존중해 주지 않고 좋아한다니 일단 가 보자고 강권하신 목사님이 지금도 고맙습니다. 정말 좋은 시간이었으니까요. 어쩌면 제가 섬긴 교인들 중에도 제가 좀 더 강하게 말했더라면, 억지로라도 끌어 주었더라면 더 나을 뻔했다고 말하는 분이 많이 계실지 모르겠습니다. 물론 정말 원하는 것이 무엇인지에 따라 달라지겠지만 아무리 좋아하는 것도 처음 시작은 어려운 법이라는 사실을 진즉에 알았어야 했습니다.

태만함의 가능성은 누구에게나 있습니다. 반드시 해야 하는 의무라 할지라도 하기 싫고, 역설적이지만 아무리 좋아하는 일이라도 하기 싫을 수 있습니다. 좋은 대학에 가고 싶다는 욕망이 있는 아이라면 나중에 부모의 강요를 고마워할 것이고, 그런 욕망이 아예 없다면 부모의 강요가 끝까지 원망스러울 것입니다. 그것이 자기 안에 있는 강력한 동기든 누군가의 강요든 원하는 것을 시작하게 해주는 것이 중요합니다.

저는 예수 그리스도를 믿는 사람은 모두 하나님을 예배하고 싶은 열망이 있다고 확신합니다. 그런데 "다음 주 목요일에 오세요"라고 말하고 싶은 유혹이 항상 마음속에 도사리고 있습니다. 예배해야 하는 것도 알고, 하고 싶은 마음도 있는데, 항상 시작이 불편하고 부담스럽습니다. 예배를 인도하는 사람으로서 건전한 동기를 부여하는 것도 중요하고 예배하는 자로서 그와 같은 유혹의 실재를 인정하는 것도 중요합니다.

지금이 예배할 때입니다. 오늘이 예배하는 날입니다. "지금은 하고 싶지 않다"는 생각이나 느낌은 구원받은 성도들에게는 솔직한 자신의 생각이나 느낌이 아니라 유혹입니다. 언제나 마음 한구석에 자리 잡고 있는 태만함을 솔직한 감정이라고 합리화해서는 안 될 것입니다.

예수 그리스도의 은혜로 거듭난 하나님의 사람들 마음 깊이 자리 잡고 있는 변화되 궁극적 욕망 때문에 우리는 어지르라드 자신을 쳐서 복종시키고 예배 자리에서 마음을 열기 위해 최선을 다하는 것입니다. "다음 주 목요일에 오세요"라고 말하고 싶은 마음은 20년이 지나도 없어지지 않습니다. 매주 매번 "오늘은 집에서 쉬고 싶다"는 마음은 없어지지 않습니다.

예배
사색

하나님을 향한
굶주림

「하나님께 굶주린 삶」(*A Hunger for God*, 복있는사람 역간)이라는 책에서 존 파이퍼 목사는 하나님을 향한 굶주림 혹은 식욕에 가장 큰 적은 독이 아니라 애플파이라고 했습니다. 부모가 아이들을 먹이는 데 힘들게 만드는 것이 무엇일까요? 초콜릿이나 사탕 같은 단 음식입니다. 독은 위험한 것인 줄 알기 때문에 피할 수 있지만 달콤한 사탕은 전혀 해롭지 않아 보이기 때문에 거부감을 갖지 않을 것입니다. 하지만 사탕은 입맛을 잃게 만들 수 있고, 그 달콤함에 빠져서 사탕을 많이 먹으면 건강이 상할 수 있습니다. 문제는 사람들이 독은 피하면서도 사탕은 즐긴다는 것이지요. 예배에서 가장 큰 적은 무엇일까요? 예배에서는 무엇이 사탕일까요?

다섯 살 된 제 손녀는 단 것을 하루에 세 개만 먹을 수 있습니다. 초콜릿이든 사탕이나 아이스크림이든 세 개를 선택해서 먹을 수 있기 때문에 한 번에 다 먹지 않고 아껴서 먹습니다. 그것도 식전에는 먹을 수 없고 식후에만 먹을 수 있습니다. (아이들이 대체로 그렇지만) 워낙 단 것을 좋아하기 때문에 항상 그날 몇 개를 먹었는지 기억하고 있습니다. 단 것이 가진 매력과 위험을 알고 있기 때문에 저도 단 것을 줄 때는 아이 엄마에게 꼭 물어봐야 합니다. 우리 몸에는 단 것도 필요하지만, 특히 식전에 먹는 단 것은 다른 음식에 대한 입맛을 잃게 만들어서 건강을 해칠 수 있습니다.

저는 우리의 믿음 생활에서 단 것이 무엇일지 생각해 보았습니다. 여러 가지를 말할 수 있겠지만 '편안함' 혹은 '정체됨'도 단 것이 될 수 있지 않을까 싶습니다. 편안함 자체가 나쁜 것은 아니겠지만 충분히 하나님을 갈망하지 않도록 만들 수 있기 때문입니다. 편안해지면 기도도 나오지 않고, 갈급함도 생기지 않습니다. 물론 기도가 언제나 우리의 필요를 채우기 위해서 해야 하는 것은 아니기에 고난이 있을 때 기도가 더 잘된다는 말도 잘못된 관계 설정을 의미할 수 있습니다. 그러나 편안해지면 그 편안함에 안주해서 굶주리고 목마름이 있는데도 자칫 갈증과 굶주림이 느껴지지 않을 수 있음은 틀림없습니다. 꼭 재물이 많아서만도 아니고 걱정거리가 없어서만도 아닙니다. 주어진 일상에 안주하여

예배
사색

별 생각 없이 살면서 익숙함에 젖어 들어도 편안할 수 있습니다. 그것 자체를 나쁘다 말할 것은 아니지만 편안함과 익숙함은 우리 생각을 굳어 버리게 만들 수 있습니다.

그렇다고 불편함과 부족함이 언제나 깨어 있도록 만드는 것도 아닙니다. 저는 목회를 하면서 교회가 성장할 때 위기감을 느낀 적이 있습니다. 워낙 성격이 낙천적인데도 개척 교회 사역을 하면서 많이 초조하고 경제적으로도 항상 빚에 쪼들리며 힘들었습니다. 그러다가 교회가 조금씩 수적으로 성장하기 시작했습니다. 정말 좋았습니다. 재미있었습니다. 기대감과 자존감이 상승하고, 재정적으로 안정되면서 열심히 해야겠다는 의욕이 더욱 커졌습니다. 의외로 성장의 맛을 보니까 하고 싶은 것도 많아지고 교회가 어려웠을 때보다 기도도 간절해진 것 같습니다. 더 크고 싶었고 더 클 수 있다는 가능성이 보였으니까요.

그러나 돌이켜 보면 개척 교회 당시에 느낀 부족함도, 성장하면서 가진 간절함과 의욕도 하나님을 향한 것은 아니었던 것 같습니다. 하나님을 향할 수 있도록 만드는 좋은 수단이었음은 인정하더라도 저는 그때 처음 주님을 만났을 때처럼 그렇게 주님을 바라보거나 목말라하지는 않았으니까요. 부족함과 불편함이 주님을 찾게 만드는 수단이 될 수는 있지만 정신을 차리지 않으면 부족함과 불편함을 채우고 싶은 마음이 곧 주님을 향한 열망처럼 여겨질 수 있습니다. 그런 경우라면 부족함이나 불편함이 채워졌을 때 그 열망이 시들해질 수 있습니다.

제가 가끔 들은 말이 목회자는 항상 영성이 살아 있어야, 혹은 영성이 깨어 있어야 한다는 말이었습니다. '영성이 살아 있다'는 말이 무슨 말일까요? '영성이 깨어 있다'는 말은 무슨 말일까요? 사람마다 다르게 정의할 수 있겠지만 저는 '하나님을 향한 의식이 정체되지 않도록 하는 것'이라고 생각합니다. 단순히 상황과 환경에 대한 반응이 아니라 예수 그리스도의 주 되심에 대한 반응이 살아 있어야 하는 것입니다.

고난 중에 있을 때 고난을 극복하려는 간절함으로 인해 고난 자체에서 그리스도의 주 되심을 인정하기 어려운 것처럼(고난을 극복하려는 간절함이 문제가 되는 것은 아님에도) 편안할 때에도 편안함이 주는 안정감은 그리스도의 주 되심을 인정하기 어렵게 만들 수 있습니다. 우리 신앙생활의 절정은 결국 그리스도가 우리의 주 되심을 고백하고 인정하며 사는 것인데, 그 고백이 정체되어 힘을 잃으면 아무리 열심히 기도하고 뜨겁게 찬양해도 영성이 죽은 것입니다. 저는 요리를 못하지만 어디에선가 읽은 글에 따르면 (시럽과 같은) 설탕을 끓일 때는 계속 저어 주어야 합니다. 설탕은 바로 굳어 버리기 때문입니다. 요리에 설탕은 절대적으로 필요하지만 계속 저어 주지 않으면 굳어 버립니다. 그것이 설탕의 특성입니다.

저는 목회를 하면서 그리스도의 주 되심을 항상 인정하여 그

예배
사색

리스도를 주목하는 것이 가장 어려웠음을 고백합니다. 교회가 편안하게 성장할 때는 성장을 즐기느라고 주님을 바라보지 못했고, 교회가 어렵고 성장하지 않을 때는 그 답답함 때문에 성장에 대한 간절함은 있었어도 주님을 바라보지 못했습니다. 어떤 상황에서도 예수 그리스도가 주님이라는 고백이 제 안에 살아 있어서 좋을 때도 힘들 때도 그 주권을 인정하고 주님 앞에서 살아가겠다는 다짐을 당연시 하기만 해서 마음이 굳어지는 것은 정말 쉬운 일이었습니다. 아니, 휘젓지 않으면 굳는 것은 매우 당연한 결과였습니다.

제게 예배 자리는 제 의식을 휘젓는 자리입니다. 예수께서 주님이라는 고백이 정체되지 않도록 고백을 확인하는 시간이고, 세상의 많은 근심걱정, 또는 누림에 안주하게 만든 소유들에서 시선을 돌려 내가 주인이 아니라 그리스도께서 주인임을 인정하는 시간입니다. 고난 중에 고난을 물리치려는 간절함이 언제나 하나님을 향한 굶주림은 아닙니다. 형통함 중에 누리는 만족과 안정이 언제나 하나님을 향한 감사와 인정은 아닙니다. 그래서 우리의 의식을 휘저어야 합니다. 그 어떤 것도 우리의 주인이 될 수 없어서 예수 그리스도만이 우리의 주님이라는 고백이 생명력 없이 굳어 버린 고백이 되지 않도록 흔들어 주어야 합니다. 그렇게 그리스도를 인정하는 것이 곧 예배이고, 모든 찬송, 기도, 설교는 바로 그러한 예배 행위가 되어야 합니다.

좋은 설교, 좋은 찬양, 편안하고 마음에 드는 분위기는 예배에서 필요하고 소중한 것이지만, 그것이 단 것이 되지 않도록 경계해야 합니다. 단 것은 하루에 세 개만 먹기로 다짐이라도 하지 않으면 의식이 정체된 명목상의 기독교인이 되는 것은 결국 시간문제입니다. 고난도 단 것이 될 수 있고, 형통도 단 것이 될 수 있습니다. 불편함도 단 것이 될 수 있고, 편안함도 단 것이 될 수 있습니다. 단 것이란 결국 자기에게 집중하는 것이기 때문입니다. 이 단 것의 유혹은 생각보다 훨씬 강력합니다.

예배
사색

예배 사색

하나님이 기뻐하시는 예배를 위한 40가지 묵상과 고백

초판 발행	2022년 5월 25일
초판 4쇄	2024년 12월 20일
지은이	노진준
발행인	손창남
발행처	주)죠이북스(등록 2022. 12. 27. 제2022-000070호)
주소	02576 서울시 동대문구 왕산로19바길 33, 1층
전화	(02) 925-0451 (대표 전화)
	(02) 929-3655 (영업팀)
팩스	(02) 923-3016
인쇄소	시난기획
판권소유	ⓒ(주)죠이북스
ISBN	979-11-982545-6-6 03230